客户行为与审计师决策

孙 岩 著

本书得到教育部人文社会科学研究青年基金项目
（项目批准号：18YJC790145）和中央高校基本科研业务费专项资金
（项目批准号：18LZUJBWZY008）的资助

科学出版社
北 京

内 容 简 介

审计师决策贯穿于整个审计过程，它不仅是审计基本职能的具体体现，更被认为是影响审计质量的关键环节。由于缺乏审计师决策或相关职业判断的原始资料，此类决策的形成过程变成了一个“黑箱”。而采用实验研究方法探究其影响因素及机理，就成为当前审计行为研究普遍关注的问题。客户作为审计工作中基础会计信息的提供者和工作过程的重要配合者，其信息行为、情感行为和谈判行为都会影响审计师决策。在我国当前制度和文化背景下，明确客户行为对审计师决策的影响，不仅为提高我国审计师职业判断和决策质量指明更清晰的方向，并且有助于探索提高审计质量的途径，促进我国资本市场的高质量发展。

本书适合会计、审计及相关专业的硕士生、博士生与研究人员和从事会计、审计专业工作的企业高管层及会计师事务所执业人员。

图书在版编目（CIP）数据

客户行为与审计师决策 / 孙岩著. —北京：科学出版社，2020.4

ISBN 978-7-03-064656-9

Ⅰ. ①客… Ⅱ. ①孙… Ⅲ. ①会计行为-影响-审计人员-决策-研究-中国 Ⅳ. ①F239.22

中国版本图书馆 CIP 数据核字（2020）第 038942 号

责任编辑：杭 玫 / 责任校对：彭珍珍

责任印制：赵 博 / 封面设计：正典设计

科学出版社出版

北京东黄城根北街 16 号

邮政编码：100717

http://www.sciencep.com

北京厚诚则铭印刷科技有限公司印刷

科学出版社发行 各地新华书店经销

*

2020 年 4 月第 一 版 开本：720×1000 B5

2025 年 2 月第三次印刷 印张：8 3/4

字数：176 400

定价：72.00 元

（如有印装质量问题，我社负责调换）

目　录

1 导　　论

1.1 选题的缘起

长久以来，会计和审计工作受到各类法规的约束和监管，但其工作成效却常常不尽如人意，无法杜绝公司舞弊及资本市场投资者损失。究其原因，主要是会计和审计相关准则对执业人员行为的指南并非是十分明确的，从而导致不同的审计师做出的职业判断与决策不同，审计质量也参差不齐。鉴于低质量的审计决策可能给资本市场、投资者及公司本身带来损失，20世纪70年代起，审计师决策研究开始受到学者的关注。基于心理学和行为决策理论的相关理论，学者采用了实验研究方法来探索影响审计师决策的因素，从而找到改进途径并提高审计工作质量（Sun et al.，2015）。经过四十多年的发展，这一研究方向已经成为会计和审计研究领域中的一个重要分支。

审计师决策是指审计师在对客户审计时所提出的审计意见和做出的决策行为，是一个系统的职业判断过程，且贯穿于会计师事务所审计工作始终，是审计基本职能的具体体现。张继勋（2002）对审计判断进行了界定，认为审计判断是审计师根据其专业知识和经验，通过识别和比较客户相关行为及具体审计事项所做出的估计、断定和选择。同时，研究表明审计师所掌握的大多数专业知识是在复杂的工作环境中，通过与团队成员及客户方互动所获取的（Westermann et al.，2015）。可以说，审计师决策是审计师为了实现审计目标，对客户所提供的审计证据进行鉴定、整理和分析，并结合客户在此过程中表现出的多种行为，进而选定的策略和办法。它既是审计师自身思维过程的反映，又是客户行为作用于审计师意志行动所形成的产物。

此外，作为审计工作基础会计信息提供者和重要配合者的客户方，对自身经营、风险和会计事项及相关内控的了解更准确，审计师往往会以他们提供的信息作为决策依据。同时，职业准则将高质量的审计师职业判断界定为在处理与客户相关的各项事务时，不受任何势力、利益或关系影响的判断。这一特殊职业情境就决定了审计师角色冲突的内生性（Loeb，1975）。可以说，客户作为被审计方，在审计工作全过程中扮演着不可替代的角色。

为了在错综复杂的现实情况中运用专业知识与经验做出符合职业准则的最优决策，审计师通常需要与客户进行多种方式的互动及沟通。例如，相较于以往面对面的传统沟通方式，现在审计师也会采取电子邮件的方式与客户进行沟通，多样化的沟通方式会产生不同的客户行为，进而对审计师决策产生影响。而在当前审计工作情境发生变化的大趋势下，审计技术的进步也会影响到审计师采取决策的时机与方式。与此同时，会计工作的日益复杂性、监管压力的加大，也增加了审计工作的难度。因此，在我国当前制度和文化背景下研究客户行为及客户行为对审计师决策的影响与作用机理，一方面有利于审计师更精确地从客户方获取审计证据、提高双方沟通效率、做出正确的审计决策，进而为我国审计工作质量的提高指明方向；另一方面也有助于维护客户、审计师及其他当事人的合法权益，规范我国审计工作秩序，为审计工作的治理和监管提供借鉴与支持，促进我国企业经营管理状况的改善，为我国社会主义经济健康发展提供理论支持。

由于缺乏审计师决策的原始资料，此类决策的形成过程也变成了一个“黑箱”。因此，采用实验研究方法探究审计师决策的影响因素及其中的影响机理，成为当前审计行为研究普遍关注的问题。根据认知心理学中的心智模型理论（mental model theory），人们对于外界影响的认知和推理需要借助于自身构造的心智模型，模型中的外界影响不再是其原本产生时的样子，而是个体为了完成决策任务对其进行重构加工后的样子（Goldvarg and Johnson-Laird，2001）。由此可知，审计决策是审计师借助自身职业判断，对客户行为的发出动机和可能结果进行认知推理后所重新做出的反馈性决策。因此，研究审计师对客户行为的反馈性决策，可以为解释客户行为与审计师决策之间的影响机制提供新的研究视角。

综上，本书就当前审计工作情境及相关研究建立理论分析框架，探索审计过程中客户行为的代表性形式及其对审计师决策的影响路径，有助于从理论上梳理客户行为与审计师决策之间的影响关系，构建适合于我国审计职业环境的审计师决策理论框架，从而进一步丰富和发展审计理论及认知心理学理论。

1.2　研究内容与结构安排

1.2.1　研究内容

本书使用审计判断领域常用的实验研究方法，有针对性地研究了在审计过程中，客户的信息行为、情感行为及谈判行为与审计师决策之间的影响关系。本书主要的研究内容如下：首先，在分析客户行为对审计师决策的作用及其对提高审计质量的重要意义的基础上，提出选题的由来及研究目的；其次，进一步从业务承接阶段和审计过程阶段分别阐述审计过程中可能存在的客户行为及客户行为对审计师决策可能产生的影响；再次，就客户的信息行为、情感行为及谈判行为中我们所关注的公允价值金额确认与信息披露行为、管理层关注及谈判让步策略问题，分章节进行了实证检验，详细叙述了相关行为的已有研究、假设推理、研究方法、检验结果及研究结论；最后，本书得出待改进之处和未来进一步的研究方向。

1.2.2 结构安排

根据研究问题的需要，本书详细阐述客户行为与审计师决策之间的影响关系，其结构安排如下。

第1章为导论。本章主要介绍了选择写作本书研究主题的动因、写作的目的、具体的研究内容及结构安排。

第2章为审计中的客户行为概述。本章内容主要通过梳理相关研究文献，对审计业务承接过程中及审计过程中的客户行为做出界定，并分别阐述了客户的信息行为、情感行为及谈判行为在审计过程中可能对审计师决策产生的影响，以形成本书的理论基点，明确后续章节的写作方向。

第3章为客户信息行为与审计师的审计调整决策。本章主要通过实验研究方法，以客户衍生金融资产公允价值金额确认和信息披露这两种客户信息行为为切入点，重点剖析其与审计师决策的关系，并在此基础上，探究审计师的信任判断对两种信息行为与审计师决策关系的中介作用，以及审计师自信心对两种信息行为与审计师信任判断关系的调节作用，进而掌握以衍生金融资产公允价值金额确认和信息披露为代表的客户信息行为对审计师决策的影响机制。

第4章为客户情感行为与审计师的审计调整决策。本章通过实验研究方法，检验了审计差异性质重要性的提示、客户表达的对审计师拟调整错报的关注和有效的审计委员会对审计调整决策的影响，为我国新审计准则指南的效用及审计委员会有效发挥提高审计质量的作用提供了实验证据。

第5章为客户谈判行为与审计师的审计谈判决策。本章首先回顾了心理学及审计领域中的谈判研究，对审计谈判策略的相关研究进行了评述，并对审计谈判与审计质量之间的关系进行了分析。其次，以互惠理论为基础，分析了客户让步策略对审计师直接的谈判决策和感知的客户谈判决策的影响，提出研究假设，并对实验设计做出了介绍。最后，通过对实验结果的分析，检验了客户让步策略对审计师两个层次谈判决策的影响，并使用假设检验之外的变量信息，对审计师各轮谈判报价和谈判策略进行了进一步的分析。

2 审计中的客户行为概述

2.1 客户行为的界定及其内容

审计师在执行审计业务时要始终保持其独立性与客观公正性，因此为了保证审计工作的质量，审计师亦会对其客户提出要求，这就使对应的客户行为成为影响审计师最终做出审计调整决策的重要因素。

客户行为是指客户在内在的需求与动机的作用下对外部刺激做出一定的反应（Lavidge and Steiner，1961）。这些反应以某种具体形式表现出来从而形成客户的不同行为，审计师可以通过对客户在各个时期的外在行为的观察、记录和整理来分析并形成其对客户行为的研究框架。由于在审计业务的不同阶段，客户往往需要根据企业经营安排来做出其经营决策并承担相应责任，因此本书拟将其分为审计业务承接与审计过程两个部分进行阐释。

2.1.1 审计业务承接中的客户行为

审计业务承接阶段是指审计师在审查目标客户后确定是否要承接业务的阶段，其基本流程包括：①与客户洽谈，初步了解和评价客户，以最大程度降低履约风险；②调查会计师事务所的信誉和技术胜任能力，即判断事务所的员工是否具备或是否能够获取必要的专业知识，能够按照职业准则按时完成审计业务，以及会计师事务所是否独立于客户，能够提供无偏见的结论；③评估其他审计师或专家的工作能否被利用；④初步评估舞弊，询问被审计单位的管理层、治理层及内部的其他相关人员，考虑是否存在舞弊风险，最终再决定是否创建业务并签订业务约定书。

在审计师与客户洽谈的过程中，管理层要积极配合审计师对企业所处环境及其基本情况进行了解，告知审计师企业的内部控制情况及其采用的会计核算体系，提供财务报表主要事项资料，如果更换审计师，还需要提供前任审计师的审计工作底稿或主动带领审计师监督检查工作现场。

在双方确定业务委托关系后，客户应当与审计师签订《审计业务约定书》，对审计业务的委托与受托关系、审计目标和范围、双方的责任及报告形式等事项进行记录和确认，以促使双方遵守约定事项，达到同时保护审计师与本单位利益的目的。同时，当审计师与管理层就财务报表审计相关事项或审计师根据职业判断认为与其责任相关的重大事项进行沟通时，管理层应当将其如何完善内控制度及如何应对会计准则、公司治理实务、交易所上市规则和相关事项变化等内容告知审计师，以进一步确认二者之间不存在对业务约定条款的误解，最终就审计业务约定条款达成一致意见，为以后阶段的审计工作打好基础。

2.1.2 审计过程中的客户行为

审计过程可以分为审计计划阶段、审计实施阶段和审计完成阶段，每个阶段都涉及审计师和客户的交流与协作，考虑到客户方管理层对公司的经营战略、风险、会计事项和内部控制了解更准确，因此审计师有理由利用他们提供的信息，职业准则也认为忽视客户方管理层提供的信息是高成本且不切实际的。调查表明，与客户沟通获取信息有助于解决审计任务中面临的挑战，审计过程中客户行为与审计师最终调整决策之间也有着必然的联系（图2-1）。

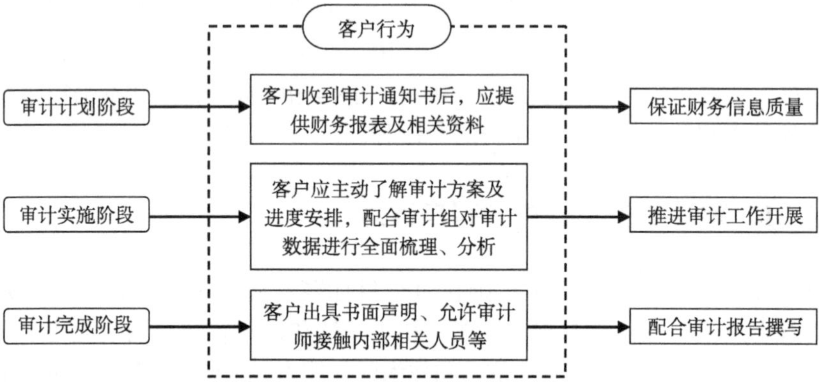

图 2-1　审计过程中的客户行为

首先，在审计计划阶段，客户在收到审计通知书后，应提供本单位的财务报表及其他相关的资料等以便审计师及其团队掌握企业基本情况和生产经营全貌。此外，审计师和管理层之间可能存在信息不对称，企业内部的管理层对企业情况更为了解，容易做出适合企业特点的会计处理决策和判断。因此，客户方管理层应对审计期间的各类交易和事项的认定及财务报表的真实性与完整性承担责任，从源头上保证财务信息质量。

其次，在审计实施阶段，审计师需要完成销售与收款、购货与付款、生产与存货循环、融资与投资循环、货币资金等各个环节的审计。在该过程中，客户需积极配合审计师的工作。例如，在销售与收款循环审计环节中，客户应提供主营业务明细账目、销售发票、对应的出库单与提货单、销售调整业务的会计凭证等，全力配合审计组对所审计的数据进行全面细致的梳理、分析；再如，在货币资金环节的审计中，客户应当告知审计师本单位的货币资金内部控制体系，包括职责分工、授权审批、凭证记录、盘点核对等内容，并提供银行存款日记账、总账、银行存款余额调节表等资料，但对于涉及商业机密的资料、企业重要资产的保管等资料，管理层也应对审计组进行特别说明。简而言之，在审计实施阶段，客户应主动了解审计师制订的施行方案与工作进度表，确保审计师获得的审计证据是真实、完整、准确的，积极配合并推进审计工作的开展。

最后，在审计完成阶段，尽管业务循环审计结束了，但撰写审计报告尚未完成，审计师还需要识别和审查关联方交易、或有事项和期后事项等特别事项、取得管理层和律师的声明书、评估审计结果及复核工作底稿等。例如，管理层向审计师出具书面声明，确认其根据审计业务约定条款履行了按照适用的财务报告编制基础编制财务报表的责任，已向审计师提供了所有相关信息，并允许审计师不受限制地接触所有相关信息及接触内部人员与其他相关人员，且所有交易均已记录并反映在财务报表中。此外，客户方管理层应就与财务报表审计相关且重大的事项，以适当的方式与审计师进行及时有效沟通，以期审计工作顺利完成。

从以上论述中不难看出客户行为在审计过程中的重要作用，基于此，本书从审计过程中审计师与客户双方之间存在频繁互动，而审计师的决策又必然受到客户行为影响这一基本思路出发，着重分析客户信息行为、情感行为、谈判行为对审计师最终决策的影响路径及其结果，以期为提高审计师的决策质量、促进审计业务的发展提供助益。

2.2 客户行为在审计过程中的可能影响

2.2.1 信息行为的可能影响

客户的信息行为贯穿审计过程的始终，会对审计师的职业判断及最终的审计结果产生重要的影响。一些上市公司会出于本身的某些特殊原因，在披露会计信息时，人为地选择提供有利信息，刻意隐瞒重要会计信息，对财务报表进行精心修饰。受现有审计方法和手段的局限性，以及相关制度的不完善、审计师知识结构与执业能力的欠缺的影响，审计师即便能够严格遵照审计准则，也未必能够对公司所提供的信息进行准确判断，因此很难发现其中的重大错误和虚假陈述（张朋和孙率，2018）。这一行为降低审计质量，导致审计失败，损害投资者及公司的利益。

客户信息行为对审计师决策可能产生的影响可以从客户方管理层及治理层、已经解除业务约定的前任审计师等不同对象来考察。此外，还包括其他可能对审计师决策产生影响的所有适当对象（图2-2）。

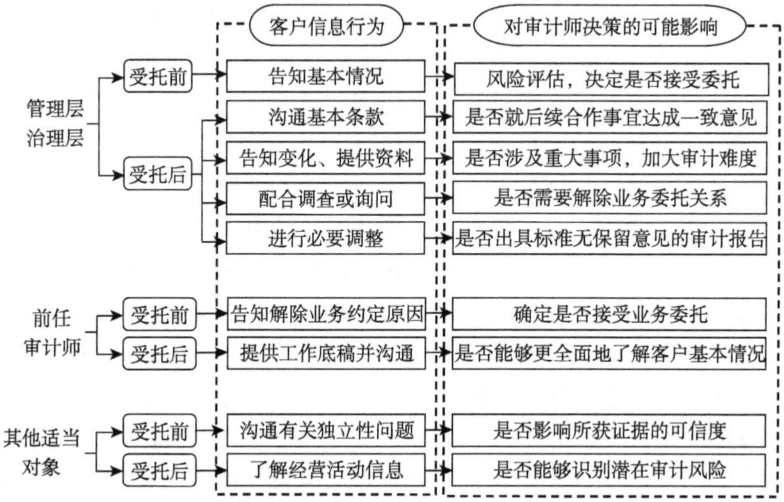

图 2-2　客户信息行为对审计师决策的可能影响

2.2.1.1　来自客户方管理层及治理层的影响

在遵守职业道德的前提下，审计师与客户方管理层进行必要的沟通，有利于与客户形成良好的工作关系，加强相互间的协作与配合。若客户拒绝配合甚至刻意阻挠审计师开展工作，则意味着审计师将面临更高的审计风险、更多的审计困难。具体而言，在接受委托前，客户方管理层若不积极主动地向审计师告知其基本情况，审计师则难以对审计风险进行初步的评估，从而难以决定是否接受委托。在签订业务约定书时，双方应就业务约定书中的基本条款进行沟通，以达成一致意见。在编制审计计划时，客户方管理层如果未能主动积极地告知审计师其单位基本情况及最新变化、法规或专业准则的变化、所采用的会计政策、会计估计及变更等，或是拒绝向审计师提供评估审计风险所需要的资料，则会增大审计难度及审计风险。在审计实施阶段，审计师需要了解客户方的重要内部控制制度，相比于内部控制较好的企业来说，内部控制有缺陷的企业可能会选择资产减值损失进行盈余管理，而内部控制较好的企业可能会采取投资收益等科目进行管理，若有关人员拒绝配合审计师进行关于内部控制的调查或询问，则意味着审计师将面临更高的审计风险、更多的审计困难，甚至可能考虑解除业务委托关系（刘行健和刘昭，2014）。在实质性测试中，对于某些重要经济事项的发生、发展及处理意见等，客户方管理层若不能将对该事项的决策及时与审计师进行沟通，则会影响审计工作的进一步开展。在形成审计报告阶段，审计师会就财务报表编制与披露方面存在的不同意见，对财务报表所反映的财务状况、经营成果及现金流量有重大影响的，认为需要调整的审计事项等与管理层进行沟通，若管理层不配合沟通或者拒绝进行必要的调整，审计师可能会出具标准无保留意见的审计报告。

审计师在与管理层沟通时也需做好与治理层的沟通，其主要目的是：了解审计范围和时间及审计师、治理层与管理层各方在财务报表审计、沟通中的责任；及时向治理层告知审计中发现的与治理层责任相关的事项（何云和熊梓言,2017）。治理层的积极配合可以推动双方及时沟通，有助于审计师获取审计证据和治理层履行责任的其他信息。

2.2.1.2 来自客户方前任审计师的影响

前后任审计师的沟通，是审计实施过程中的重要环节，因为它会影响到审计师是否接受委托，以及在后续审计工作开展过程中是否有必要解除业务委托关系。在接受委托前，后任审计师与前任审计师沟通是为了确定是否接受业务委托。为使沟通真正发挥效用，后任审计师应当对前任审计师提供的信息给予应有的重视，对其进行评价，并与客户提供的信息进行比较（谢盛纹和刘杨晖，2016）。如果前任审计师与客户提供的更换会计师事务所的原因不符，特别是当客户与前任审计师在会计、审计问题上存在重大意见分歧时，客户可能会试图通过后任审计师寻求有利于自己的审计意见，在这种情况下，后任审计师应慎重考虑是否接受业务委托。在接受业务委托后，审计师可能会查阅前任审计师的工作底稿及询问有关事项等，如果客户或前任审计师拒绝提供审计工作底稿，那么后任审计师则需要审慎考虑是否需要解除与客户方的业务委托关系。如果发现前任审计师审计的财务报表可能存在重大错报，后任审计师应当提醒客户告知前任审计师。必要时，后任审计师可要求被审计单位安排三方会谈，以便采取措施妥善处理。

2.2.1.3 来自其他适当对象的影响

针对一些特殊事项，审计师会运用职业判断考虑是否应当与客户方中的其他适当人员进行沟通，这会对审计师所获取审计证据的可信度产生影响。例如，在上市公司审计中，有关审计师独立性问题的沟通，其沟通对象最好是客户方中有权决定聘任、解聘审计师的组织或人员；有关管理层的胜任能力和诚信问题方面的事项，不宜与兼任高级管理职务的治理层成员沟通（王燕，2013）。此外，在审计过程中，审计师还需要与公司的产品供应商及客户进行沟通，并且需要了解公司的经营活动信息，包括主要产品、主要服务、业绩指标等，了解在经营过程中对资源消耗、环境保护方面承担责任的信息等（张茹茹和韩向欣，2018）。

2.2.2 情感行为的可能影响

客户的情感行为贯穿审计过程的始终，并对审计师判断及最终审计结果产生重要影响。以往的研究发现，客户的情感变化受其目的驱动，不同的目的导致客户有不同的情感变化，而不同的情感变化又导致客户有不同的行为表现。例如，当客户出于经营管理目的需要更好的利润或业绩，而此时的实际经营业绩又不能满足这一需求时，客户可能会隐藏真实详细的信息，以误导信息使用者，实现其经营目的。为了达到这一目的，在审计师对其进行审计时，客户会选择不同的影响策略以影响审计师判断，而审计师做出决策的重要依据之一就是对影响审计决策的各项重要因素进行分析（孙坤，2001），包括审计过程中客户情感行为的表现，它们会影响审计师对信息的处理和判断，并对审计师决策产生影响。综上，本书所指的客户情感行为具体表现为客户与组织外部的审计师进行审计调整沟通时，所采取的意在改变审计师决策的影响策略（图2-3）。

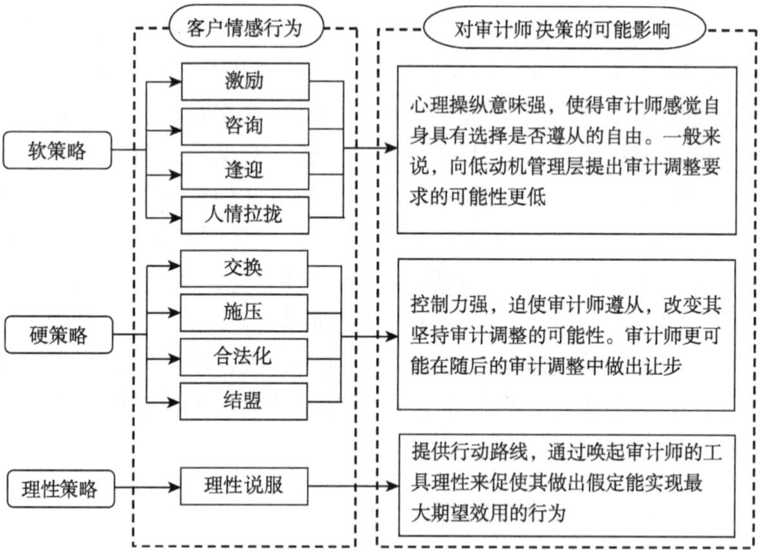

图 2-3 客户情感行为对审计师决策的可能影响

2.2.2.1 影响策略的分类

在心理学及组织行为学领域，关于影响策略的研究已经较为成熟。研究表明，管理层会利用影响策略以得到他人配合，当双方不具有法定权利关系时，影响策略的作用就更加明显（Kim，2000）。认识影响策略的作用对于理解管理层如何激励性别不同的下属、影响员工工作满意度、获得下属的帮助、影响组织外部成员及虚拟团队成员的人际影响等问题都具有重要意义。

早期很多研究采用访谈或调查方法，探索性地归纳了管理层可能使用的影响策略，而这些研究的成果集中体现为用于测量影响策略的各种量表。Kipnis等（1980）最先开始探究人们改变其上级、同事或下级行为的影响策略，基于对165名管理人员初始叙述的内容分析和后续问卷调查提炼出了八种策略，并从管理层自我报告的视角开发了组织影响策略量表（the profile of organizational influence strategy，POIS），该量表后期被大量研究使用、分析和改进。随后Yukl等（1992）从管理层和被影响者两方面验证了POIS，指出其研究视角单一和测量的影响策略范围狭小等缺陷，并开发出了新的影响行为问卷（influence behavior questionnaire，IBQ），涵盖的九种影响策略中有五种与POIS相同，另外四种来自其他文献研究。此后这一量表也被大量使用，并不断被改进和扩充。

现得到普遍认可的一种研究认为有九种能够涵盖管理层用于影响他人的各种积极影响行为的策略（Smith-Crowe et al.，2013），包括激励（inspirational）、咨询（consultation）、理性说服（rational persuasion）、逢迎（ingratiation）、人情拉拢（personal appeal）、交换（exchange）、施压（pressure）、合法化（legitimating）和结盟（coalition）。学者同时明确了各种影响策略的分类，即包括激励、咨询、逢迎、人情拉拢的软策略，包括交换、施压、合法化、结盟的硬策略和理性说服的理性策略。Smith-Crowe等（2013）根据心理学性别角色将影响策略分为个人主观能动策略（agentic tactics）、团体影响策略（communal tactics）、中性影响策略（neutral tactics）。个人主观能动策略多为强有力的，强调关注自我，包括侵略、自信、控制、直接、主导和自我表现型的策略；团体影响策略强调关注他人，包括依赖、人际敏感度、谦虚等形式的影响策略；中性影响策略则包括程度不足以划归为个人角色或团体角色的其他策略，包括理性说服、结盟等。此外，孙海法（1998）将西方研究者构建的影响策略量表处理后汇编成问卷进行调查和因素分析，将反映中国文化的影响策略在因素水平上分为应变控制和温情说服两个因素。应变控制更多的任务是定向的，主要采用强硬、直接的方式让对方就范，温情说服着重于对方的感受、认知、人际相互关系，主要采用温和、间接的方式使对方服从。刘文雯和王雪莉（2004）按照天时、地利、人和三个方面构建影响策略框架，并根据孙海法提出的温情说服和应变控制两因素结构，将12种影响策略分为温和影响策略和控制影响策略。

总结现有研究对影响策略的分类情况，各研究者的结论不尽相同，但仍有些许共通之处。自Kipnis等（1980）将影响策略分为硬策略、理性策略和软策略三类以来，虽然后续研究者进行了许多调整或新的分类，但究其本源，软硬之分基本得到学术界的一致认可。有些研究者将理性策略并入软策略范畴（刘文雯和王雪莉，2004），或划归硬策略范畴（Littlepage et al.，1992），实质上有失偏颇，忽略了理性策略与另外两类策略之间的差异，故本书基于Kipnis等（1980）提出的硬策略、理性策略和软策略的三分类法，探讨客户情感行为的可能影响。

2.2.2.2 不同影响策略的可能影响

影响策略的使用动机包括个人动机和组织目标，大部分研究者将工作绩效、晋升和薪酬等有关个人利益的事项作为影响策略的结果变量，就其产生的影响进行了探讨。

绩效的高低在很大程度上反映出个体实施影响策略的效果。Dulebohn和Ferris（1999）调查了员工采用的影响策略对他们业绩评估过程中的公平性评价会产生何种影响，结果表明，采用以上级为中心的影响策略更能得到积极公平的过程评价，采用以工作为中心的影响策略则与负面评价相关。Plouffe等（2014）研究了影响策略对销售人员工作绩效的影响，并对不同影响策略的影响性能进行了探究，发现影响策略能够用来预测销售业绩，且对于不同的销售人员，影响策略对绩效的影响呈现出不同效果。但也有研究者得出了不同的结果，Barrick等（2009）对影响策略在面试评定和绩效评估两种场景下的作用进行了对比研究，发现职员影响策略的使用对面试官评定的成绩有较强的预测作用，而对上级评定的工作绩效的影响却很小。他们认为这是因为面试成绩多依赖于被评者与面试官的即时互动反应，因而有效的影响策略能够带来面试官对被评者更好的评价，而绩效评估多依赖于被评者平时的业绩和工作表现，即便使用影响策略也很难改变这些既有的客观因素。

薪酬的高低在很大程度上也能反映出个体实施影响策略的效果。Higgins等（2003）利用元分析统计方法估计了各种影响策略和工作相关结果（绩效评估、薪酬、晋升）间的总体相关性。结果显示，逢迎和理性说服策略对工作结果有积极影响，自我推销对工作结果影响微弱。但总体来说，相较于对绩效评估的影响，影响策略对薪酬、晋升的影响较小。一个可能的原因是绩效评估更直接地受到员工行为的影响，影响策略通过影响作为薪酬、晋升决策组成部分的绩效评估，进而对薪酬、晋升发挥作用；另一个可能的原因是上级的影响力不同，业绩评估通常直接受上级控制，而薪酬等更多受到外在条件的影响，如组织的财务状况等。

Orpen（1996）的研究结果也显示，逢迎策略与经理的薪酬呈显著正相关，而自我提升策略与薪酬的高低没有显著相关性。

另外，晋升也是组织成员实施影响策略的重要原因之一。Thacker和Wayne（1995）调查了下属的影响策略与晋升评价的相关性，研究发现，理性说服策略和员工的晋升评价呈显著正相关关系，而逢迎策略与决断策略和员工的晋升评价呈显著负相关关系。Wayne等（1997）通过建立结构方程模型发现，职员的影响策略与管理者对下属人际交往能力的感知、管理者对下属的喜爱程度及管理者感知的与下属相似度相关，但并未发现影响策略和人力资源决策之间的直接关系，包括业绩评级、晋升评价及薪酬。

除了获得个人利益，有利于实现组织目标的行为也逐渐成为学者的研究对象。Dulebohn和Ferris（1999）使用纵向数据结构模型检查了员工使用的影响策略和组织公民行为，结果显示，领导奖励行为（上级下属关系）完全中介影响策略（逢迎和自我推销行为）和业绩评级的关系，组织公民行为（利他主义和遵从性）对绩效评级有直接影响。Sparrowe等（2006）的研究也表明，领导的下行影响策略与员工助人行为的关系取决于领导与员工之间交换关系的质量：当领导与员工之间交换关系质量较差时，激励策略和交换策略会压制员工的助人行为，但协商策略能够促使助人行为的出现；当领导与员工之间交换关系较好时，交换策略促进了员工的助人行为。

总结对影响策略产生的影响的研究，大多数情况下使用者主要是根据个人利益来采用影响策略，这方面研究者多将绩效、薪酬和晋升等涉及个人利益的变量作为影响策略的结果变量来加以考察。同时，近些年，有利于实现组织目标的行为作为影响策略的结果变量开始受到学者的关注，不过这方面的研究较少。可看出，上述研究共同关注的主题是管理层所采用的影响策略，即个体根据特定情境而使用的影响他人的方法和技巧（Mowday，1978）。实际上，管理层并非仅针对其组织内部成员斟酌使用各种影响策略，在与外部利益相关者如顾客或合作伙伴的互动中，他们也会选择恰当的影响策略以从态度上说服对方或从行动上赢得配合（Kim，2000）。在年报信息的形成过程中，客户不仅是初始财务信息的提供者，更是与审计师互动做出最终信息披露决策的重要参与者。会计准则许可的自由裁量权和会计计量固有的主观性共同构成了客户灵活地进行机会主义盈利操纵的空间（Libby et al.，2002），也使他们有可能利用影响策略在审计谈判中得到审计师的配合。此时，谈判发生在审计职业背景下具有丰富专业知识的双方之间，他们的行为要受到法规和职业准则的约束（Sun et al.，2015）。但上述研究基本以组织内部为背景，其结论未必完全适用于审计谈判情境下客户对外使用影响策略的情况。

审计领域中仅有四项研究证实了管理层在审计谈判中使用单个影响策略的

有用性。Ng和Tan（2007）对硬策略中的施压进行研究发现，管理层施压会改变审计师坚持审计调整的可能性，但具体的变化方向取决于管理层施压的动机。Robertson（2010）的实验选取了软策略中的逢迎，研究证实当管理层逢迎时，审计师向低动机管理层提出审计调整要求的可能性显著低于对高动机管理层提出该要求的可能性。而Hatfield等（2010）则发现了交换的硬策略对审计谈判的影响，即当管理层事先同意调整客观报表错误时，审计师更可能在随后的谈判中做出让步。Schriesheim等（2000）认为不同类别影响策略之间的主要差别在于控制力，即管理层使用特定影响策略控制形势或被影响者的程度。其中，软策略让被影响者即审计师感觉自身具有选择是否遵从的自由，心理操纵的意味更强；硬策略则有力地迫使审计师去遵从，控制力更强（van Knippenberg and Steensma，2003）。由于理性策略主要是给被影响者，即审计师提供行动路线，通过唤起其工具理性来促使他们做出假定能实现最大期望效用的行为，因此理性策略的控制力可能居于软、硬两类策略之间。

在客户与审计师互动沟通过程中，客户可能通过策略选择来影响审计师决策，以在沟通中尽可能获得最满意的结果。无论在任何情境下，组织内部对理性策略的使用都最为普遍。研究发现，个体对软策略的偏好高于硬策略（Alonso，2010）。导致这种策略使用偏好的原因可能是，每种影响策略给使用者和被影响者之间的关系带来的压力不同。使用者将影响策略作为一种促使被影响者完成指令或按自身期望的方式改变行为的机制。从被影响者，即审计师的视角来看，影响策略的使用将改变其行为或境遇，并很可能导致双方不愉快甚至厌恶。一般而言，软策略更温和且允许审计师有自由选择的权利，反之硬策略的友好性较差且客户试图控制审计师的行为。因此，客户选择社会认可度较低的硬策略的可能性也较小，通常认为硬策略更容易造成双方关系紧张（van Knippenberg and Steensma，2003）。

2.2.3 谈判行为的可能影响

审计谈判是指当审计师与客户就如何处理客户财务报表确认和披露中的审计问题存在不同意见时，双方就是否需要做出审计调整及调整金额大小进行沟通磋商的过程（Gibbins et al.，2001）。在此背景下，客户基于主动谈判或被动调整角色所表现出的各种行为，如谈判动机的选择、目标价格的确立、具体策略的运用等，将会在审计谈判的准备、实施及完成阶段对审计师决策产生影响（图2-4）。

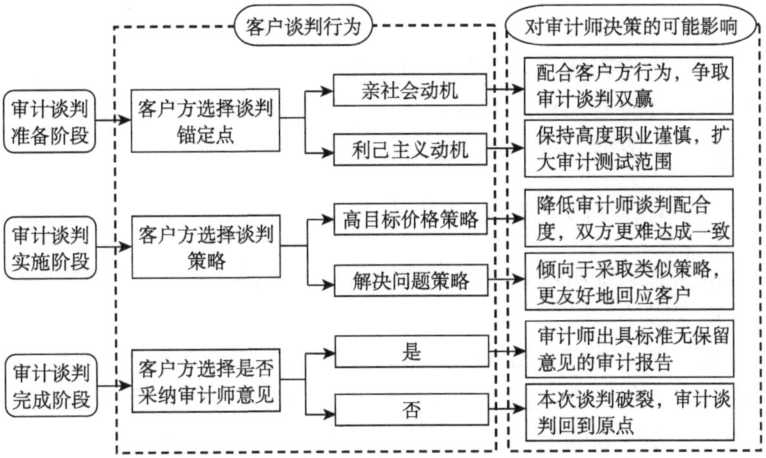

图 2-4 客户谈判行为对审计师决策的可能影响

2.2.3.1 审计谈判准备阶段的可能影响

在审计谈判的准备阶段，客户方管理层对其审计谈判锚定点（anchor point）的选择，是谈判结果及审计师决策的首要影响因素。

研究表明，谈判者通常会选择一个锚定点作为谈判起点，然后以此为基础进行调整。也就是说，作为审计谈判中拥有审计师选择权的客户方管理层，在审计谈判准备阶段，首先要根据自身实际情况，选取适合的谈判锚定点，使之成为后续阶段的谈判底线。而从审计谈判的博弈模型分析中可清晰地认识到，尽管审计师可以凭借其对审计报告的掌控权来制约客户方的一系列行为，但客户方始终是审计合约的甲方，他们拥有审计续约权，仅这一点，就使客户方抓住了审计师的“七寸”，进而在审计谈判中掌握主动权。在这一背景下，客户方便可以从自身社会动机的角度，即其对谈判结果或收益在谈判双方之间的分配偏好，选择对应的锚定点。这也意味着，若客户方是亲社会动机的谈判者，则会尝试使自己和审计师双方均能获取最大利益，即双赢的结局，同时更倾向于将审计谈判看做一个互利互惠的合众游戏，从而自发地去同审计师进行沟通，使谈判有一个良好的基点，此时作为谈判被动方的审计师很难有理由采取敌对的方式进行谈判，而会尽可能配合客户方的行为去争取此次审计谈判的双赢。若客户方是利己主义动机的谈判者，则更倾向把谈判看作以权势和个人胜利为中心的竞争游戏，从而就会形成不信任的敌意态度，对谈判对方形成负面认知，并使用威胁、恐吓、强制性的权势等来达到自己的目的。此时，考虑到客户方该项行为的出发点，审计师会在很大程度上保持高度的职业谨慎，进而深入调查或扩大审计测试范围，直至排除或证实疑问，但这对审计谈判过程的工作效率无疑会产生负面影响。

因此可以看出，客户方管理层作为审计谈判中拥有优先观点权的一方，其社会动机的选择，将为此次审计谈判定下初始基调，也就是确立其谈判锚定点，而后续进程中审计师持有何种谈判目标、采取何种调整策略等也会随着客户方管理层的锚定点而产生改变，进而使得审计谈判结果随之调整。

2.2.3.2 审计谈判实施阶段的可能影响

在审计谈判的实施阶段，客户方谈判策略的选择，将对审计师决策及最终谈判结果产生重大影响。

研究发现，即便客户方出于提高审计绩效的考虑而试图做出理性决策，但由于准备工作的到位程度不一且谈判过程中策略的展开具有灵活性，其实际的谈判行为未必能如事先计划的那样绝对理性。而在审计谈判正式开始后，随着客户与审计师之间观点与利益的直接碰撞，双方均表现出维护各自利益的倾向。其中，客户方期待的最优方案自然是最大化保全自身利益，同时以支付低成本得到审计师出具的标准无保留意见的审计报告。基于此，客户在最初与审计师谈判时，会首先判断当前状况是否能和自身可接受的谈判目标达成一致，若二者相符，则谈判实时结束；若存在差距，则谈判需要继续进行。所以客户方的具体谈判策略会随着谈判进程的展开而发生变化,且在谈判结束前无法预先知晓审计谈判的全程。也有学者发现，尽管谈判过程有着相当大的不确定性，但客户方管理层作为谈判过程的主动方，若能在第一轮谈判中占据先机，将会对其后半程的谈判起到事半功倍的叠加效应，而这一效应也恰恰会对谈判结果带来变动。且根据“目标价格论”的研究成果来看，当客户一味地采用高目标价格策略时，会促使谈判陷入僵局，大大降低下一轮谈判时审计师的配合度，进而使得谈判双方更难达成一致，即便最后迫于谈判时间、成本等因素勉强达成一致，双方对于本次谈判的认可度会极小，从而后期继续合作的可能性也很小。也就是说，高目标价格策略下，不仅谈判成交率低，而且后期成交的成本也高。反之，如客户方主动表达出倾向于解决问题的信号，则会促使审计师同样采取解决问题倾向的谈判策略，在大大增强客户方谈判者个人魅力的同时，会提升审计师对谈判结果的满意度。同时，若这种积极的谈判策略能使审计师将客户列为其群体内成员，相较于其他无熟悉度或认可度的谈判对手来说，审计师在谈判时通常会采取更友好的决策回应客户，并期望与客户更积极、高效地沟通，进而获得更圆满的谈判结果。

因此，尽管客户与审计师之间谈判互动的不确定性会使谈判出现一定程度的随机结果，但客户若能采取积极有效的谈判策略也会使得谈判朝向对其有利的方向进行。所以，在审计谈判的实施阶段，客户采取何种谈判策略、行为对审计师决策及最终审计谈判结果有很大影响。

2.2.3.3 审计谈判完成阶段的可能影响

在审计谈判完成阶段，经审计的财务报表，体现了最终的审计师决策及谈判结果。此时，客户与审计师的谈判成果已经基本达成，且只有客户采纳了审计师的意见时，审计师才会出具标准无保留意见的审计报告，从某种意义上而言，这也意味着会计信息的可靠性。而如果客户并未接受审计师意见且二者之间难以达成共识，则本次谈判破裂，审计谈判回到原点。因此，在审计谈判完成阶段，客户是否采纳审计师出具的标准无保留意见的审计报告，意味着经由审计谈判过程后审计师的最终决策走向及审计谈判结果。

2.3 研究结论

本章通过梳理相关文献，对审计业务承接过程中及审计过程中的客户行为做出界定，并分别阐述了客户的信息行为、情感行为及谈判行为在审计过程中可能产生的影响。研究发现：①客户行为贯穿于审计全过程，在审计业务承接过程与审计过程中都发挥着重要作用；②根据客户方对象的不同，客户信息行为可以从客户方管理层及治理层、已经解除业务约定的前任审计师、其他适当对象三个方面对审计师决策产生影响；③客户情感行为分为软策略、硬策略、理性策略三类，采用不同的情感策略会对审计师决策产生不同的影响；④客户方的谈判行为会在审计谈判的准备、实施及完成阶段对审计师决策产生影响。

本章的研究通过对审计情景下的客户行为进行界定和分类探讨，为客户行为对审计师决策的影响研究构建了一个较为完整的分析框架，本书也将以本章的研究结论为基础，从信息行为、情感行为和谈判行为三个角度出发，结合具体的情境，研究客户行为对审计师决策的影响。就客户信息行为而言，由于我国公允价值计量环境的不确定性程度偏高，导致了我国公允价值会计估计中存在大量的不确定性。同时，采用公允价值计量的衍生金融资产相较其他资产更加复杂，其操纵空间进一步增大，从而对企业公允价值的评估能力及审计师决策的能力也提出了较高的要求。因此，本书将以上市公司衍生金融资产的公允价值金额确认和信息披露行为作为客户信息行为的典型代表，来探讨其如何作用于审计师决策。就客户情感行为而言，在审计调整决策过程中，客户方管理层的态度也是一个重要的影响因素。若全然不考虑客户方管理层态度很可能使审计师面临失去客户的危险，但过分迁就客户又会使审计师面临较高的审计风险。但客户方管理层普遍存在盈余管理动机且不可避免地借此反对或试图协调审计调整决策，因此，本书就管理层关注这一具体行为来探究客户情感行为对审计师决策的影响路径。就客户谈判行为而言，经审计的财务报表往往被看作客户与审计师博弈后的成果，而在这一过程中常常出现双方意见不一致的情况，此时为了找到财务报表确认及信息披露的平衡点，就需要进行多轮的审计谈判。因此，本书以客户让步策略与审计谈判决策为落脚点来剖析客户谈判行为对审计师决策的作用方式。

3 客户信息行为与审计师的审计调整决策

3.1 问题的引入

本书所讲的客户信息行为具体指客户在公允价值金额确认时偏高或偏低、公允价值信息披露时详略不同而使审计师做出不同反应，最终对后续的审计调整决策产生相应影响的行为。

20世纪70年代至今，金融衍生工具市场逐渐发展为资本市场的重要组成部分，合理发展并利用该市场，使用金融衍生工具进行套期保值，可以防范未来价格波动风险进而提高市场效率。2006年，财政部发布新《企业会计准则》，将金融衍生工具由表外披露纳入表内确认，以公允价值作为计量属性，由此带来的会计估计及不确定性等因素给审计衍生金融资产增加了难度，若审计不当不仅会影响审计工作质量进而影响财务报表使用者的决策，还会对资本市场有序运行产生影响。

国际审计与鉴证准则理事会（International Auditing and Assurance Standards Board，IAASB）原主席约翰·卡洛斯（John Kellas）也认为，当前全球处于公允价值计量和披露的实施时期，且市场经验表明，我们对金融衍生工具的估值处于相当困难的环境中。我国属于新兴国家及经济转型国家，绝大部分公允价值计量归属于第二层次和第三层次。而第二层次和第三层次公允价值计量属于主观性计量，需要进行公允价值会计估计，进行会计估计时的数据输入会导致估计不确定性。此外，我国对公允价值会计估计的信息披露情况也不尽理想，以下事实支持了上述说法。中国证券监督管理委员会曾选择2010年若干家上市公司进行分析，在资产负债表日，这些公司的交易性金融资产和可供出售金融资产合计或交易性金融负债超过10亿元，从分析结果来看，大部分以公允价值计量的金融资产和负债集中在第二层次，采用第一层次（公开市场报价）的金融资产和负债占比分别为12%和3%。在按照第二层次确定公允价值的情况下，对具体在同类或类似资产价值的基础上考虑对什么因素进行调整及如何调整的披露情况不尽理想。《2013

年上市公司年报会计监管报告》指出，部分公司未按规定披露授予日权益工具公允价值的确定方法，个别公司甚至错误理解期权公允价值，将股票期权的行权价格等同于期权的公允价值。金融衍生工具计量存在偏差会影响资产负债表、利润表中多个报表项目，进而影响财务报表准确性。另外，公允价值会计估计相关披露也是报表使用者的重要决策依据，披露详细及准确水平会影响报表使用者的决策，而企业则可能出于一定的动机来故意隐瞒相关信息。

因此，为了提高企业财务报表列报质量和会计信息透明度，我国财政部于2014年颁布了新的企业会计准则标准体系——《企业会计准则第39号——公允价值计量》（简称《39号公允价值计量准则》），该准则对企业衍生金融资产公允价值计量和披露做出了更加具体的规定，规范了公允价值的定义，明确了公允价值计量的方法和级次，提出了计量单元的概念，并对公允价值计量相关信息的披露做出具体要求。该准则将有助于规范企业的衍生金融资产公允价值金额确认，使企业在财务报表附注中就公允价值会计估计信息做出更广泛的披露。通过对比若干家企业2014年度与以前年度财务报表可以发现，最大的变化是衍生金融资产在财务报表中单列，同时在企业财务报表附注中，管理层会单独将公允价值的披露作为一部分。

但是，通过查阅若干行业及若干家企业财务报告可以发现，目前各家企业在披露衍生金融资产公允价值相关信息时，详细程度还是有所不同。其中，相比其他行业而言，金融行业对衍生金融资产公允价值相关信息披露最为详细，其他行业对衍生金融资产公允价值相关信息的披露则较为简单，且详细程度有所不同。但是，衍生金融资产公允价值金额确认和信息披露与财务报表可靠性息息相关，审计师的职责是在一定程度上确保企业财务报表公允性，因此衍生金融资产公允价值金额确认和信息披露这两种信息行为不仅会影响投资者，还与审计师的决策判断有关系。2006年，美国公众公司会计监督委员会（Public Company Accounting Oversight Board，PCAOB）发布的一份研究报告表明，目前审计师所掌握的有关估值技术的知识还不充分，同时随着新估值模型不断出现，审计师难以跟上估值技术进步的步伐。正如美国公众公司会计监督委员会原主席马克·奥尔松（Mark Olson）所言，当前全球大多数审计师都未曾接受过估值技术方面的专门培训。此外，在识别和评估重大错报风险时，审计师应评估与会计估计相关的不确定性的程度，并根据自己的判断确定存在高度不确定性的会计估计是否将导致特别风险。特别风险不仅与会计估计是否应确认或是否应用公允价值计量相关，还与公允价值会计估计披露的充分性相关。随着《39号公允价值计量准则》的实施，结合目前我国衍生金融资产公允价值金额确认和信息披露的现状，审计师审计衍生金融资产的难度进一步增大。

综上所述，关注上述衍生金融资产公允价值金额确认和信息披露行为对审计师决策的影响是有必要的。在借鉴国内外相关领域的研究成果的基础上，本章探究了企业衍生金融资产公允价值金额确认和信息披露行为对审计师审计调整决策的影响及影响机制，从而为新发布的《39号公允价值计量准则》提供实际依据。

3.2 文献回顾

3.2.1 相关概念界定

3.2.1.1 公允价值的定义

1）我国对公允价值的定义

1998年，我国加入国际会计准则委员会（International Accounting Standards Committee，IASC）。为实现我国会计准则的国际趋同，1999年，我国财政部颁布了《债务重组》《非货币性资产交易》两项准则，并首次引入了公允价值计量属性，同时准则中的公允价值定义同国际会计准则委员会对公允价值的定义一致。2001年，财政部对1999年颁布的《债务重组》《非货币性资产交易》两项准则进行修订，取消了公允价值计量属性。2006年2月，财政部发布新《企业会计准则》，重新引入公允价值计量，将公允价值定义为"在公平交易中，熟悉情况的交易双方自愿进行资产交换或者债务清偿的金额计量"。

在会计准则国际趋同的背景下，为了规范企业公允价值计量和披露，提高会计信息的质量，2014年我国财政部制定并发布了《39号公允价值计量准则》。该准则第二条中重新明确了公允价值的定义，即"公允价值，是指市场参与者在计量日发生的有序交易中，出售一项资产所能收到或者转移一项负债所需支付的价格"。该定义与《国际财务报告准则第13号：公允价值计量》中对公允价值的定义一致。至此，美国财务会计准则委员会（Financial Accounting Standards Board，FASB）、国际会计准则理事会（International Accounting Standards Board，IASB）及我国会计准则制定机构对公允价值的定义都达成了一致意见。

2）公允价值的层次

我国财政部在2014年发布《39号公允价值计量准则》。公允价值层次建立在输入值层次划分的基础上。输入值是指市场参与者为相关资产定价时所使用的假设。公允价值计量所使用的输入值包括三个层次。

第一层次输入值是主体在计量日能够取得的相同资产或负债在活跃市场上未经调整的报价。相关资产或负债的交易量和交易频率足以提供持续定价信息的市场即为活跃市场。由于第一层次的输入值直接来源于活跃市场中不加调整的报价，所以第一层次的输入值为公允价值提供了最可靠的证据。但在某些特殊情形下不能将相同资产或负债在活跃市场的报价不加调整地用于某项资产或负债的计量，如当存在大量类似但不相同的以公允价值计量的资产或负债，这些资产或负债在活跃市场中存在报价，但难以获得计量日每项资产或负债单独的定价信息。这种情形下，可以采用其他估值模型，而不单纯依赖报价。而当活跃市场中的报价不能代表计量日的公允价值，如发生影响公允价值计量的重大事件等，此时便不能使用相同资产或负债在活跃市场上的报价。

第二层次输入值是除第一层次输入值外相关资产或负债直接或间接可观察的输入值。当企业使用第二层次输入值对相关资产或负债的公允价值进行计量时，应根据该资产或负债的特征，如输入值与类似资产或负债的相关程度、资产状况或所在的位置，以及可观察输入值所在市场的交易量和交易频率等来对第二层次输入值进行调整。具体而言，第二层次的输入值主要包括：类似资产或负债在活跃市场上的报价；非活跃市场上相同或类似资产、负债的报价；不属于报价的其他可观察的输入值，包括可观察的利率和收益率曲线、信用利差及隐含波动率等；市场验证的输入值等。这一层次的输入值都需要调整。

第三层次输入值是相关资产或负债的不可观察输入值。不可观察输入值应站在市场参与者的角度，反映市场参与者为相关资产或负债定价时所使用的假设，包含有关风险的假设，如特定估值技术及估值技术输入值的固有风险等。主体在确定第三层次的输入值时，应使用当前情况下可合理取得的最佳信息，包括可合理取得的所有市场参与者假设。应当注意的是，第三层次输入值是不可观察输入值，可靠性明显弱于第一层次、第二层次的输入值，所以主体只有在相关资产或负债没有市场活动或市场活动很少，导致可观察输入值不能取得或取得不切实可行的情形下，才能使用第三层次的输入值。即主体应最先使用第一层次输入值，其次使用第二层次输入值，最后才能使用第三层次的输入值。但公允价值计量的目标并没有改变，仍是从市场参与者角度持有一项资产或承担一项负债的脱手价格。公允价值计量结果所属的层次取决于对公允价值计量整体而言具有重要意义的最低层次的输入值，而不是估值技术本身。当主体因特殊情形而对相同资产或负债的活跃市场报价进行调整时，公允价值计量结果应划分为较低层次，而不是第一层次。同理，当主体利用不可观察输入值对第二层次输入值进行调整时，该项调整对公允价值计量整体是重要的，公允价值计量结果应划分为第三层次。

3.2.1.2 信任的定义

不同的学者从不同的角度对信任进行定义，结果如表3-1所示。

表 3-1 信任定义

学者	定义	定义角度
Mellinger	个人对他人的意图、动机及其言语的诚恳性的信心	强调对被信任者的信心
Deutsch	信任者对被信任者的意图和能力，以及其所能带来的结果所持有的信心	
Luhmann	对产生风险的外部条件的一种纯粹的内心估价	强调对被信任者的期待
Rotter	个人对他人的话语、承诺及声明的可依赖性的整体性期望	
Gambetta	信任是一个行动者评估另一个或一群行为者将会进行某一特定行动的主观概率水平	
McAllister	信任者对被信任者的语言、行动及决策具有信心，并愿意以此为基础采取行动的程度	强调信任者的行动意愿
Rousseau	信任是基于对他人意图或行为的正面期待而接受易伤害性的心理状态	

表3-1列举了不同角度的较为典型的信任的定义。从表3-1可以看出，第一，学者在对信任进行定义时，主要强调信任者对被信任者的思想或言行的评估，即信任者对被信任者的信心，如Mellinger（1956）和Deutsch（1958）；第二，有些学者将信任视为信任者对被信任者的期望，并且该期望来自信任者对被信任者的话语、承诺及声明的可依赖性的整体性期望，如Luhmann（1979）和Rotter（1980）及Gambetta（1988）的定义；第三，而McAllister（1995）对信任的定义不仅强调信任者对被信任者的评估或期待，更加强调信任者采取行动的意图，他认为信任不仅包括对他人的信念，也包括以此知识为基础而形成的行动意愿。

关于信任的类型，学者各自持有不同的观点。其中，最被认同的观点是，信任分为认知型信任（cognitive trust）和情感型信任（emotional trust）。Lewis和Weigert（1985）从信任本质角度提出信任具有两种类型：认知型信任和情感型信任。McAllister（1995）引用Lewis和Weigert（1985）的研究结论，认为信任也分为认知型信任和情感型信任，其中，认知型信任是建立在认知推理基础上的信任，对方的角色表现的可靠性及专业知识等均会影响认知信任，信任者会依据对象及情境的不同来选择是否依赖被信任者；情感型信任指的是人与人之间的情感纽带，这种信任建立在互相照顾、关心对方的基础上（Chowdhury，2005）。

本节关注的是审计背景下的问题，审计师在面对客户的公允价值金额确认和信息披露行为的不同水平时，其根据自身掌握的信息、知识等进行认知推理，从而得出对上述信息行为的信任判断，这属于认知型信任。因此，本节的信任判断指的是认知型信任，即建立在认知推理基础上的信任，对方的角色表现的可靠性及专业知识等均会影响认知信任，信任者会依据对象与情境的不同来选择是否依赖被信任者及其行为。在本节中，以审计师为研究对象，在给予审计师一定情境及信息的基础上，观察审计师对客户不同信息行为的信任判断，而这种信任判断是建立在审计师认知推理基础上的。

3.2.1.3 自信心的定义

自信心（self-confidence）作为一种个体特质，深刻地影响着人们的心理健康和健全人格的形成与发展。除此之外，有研究表明，个体之间自信心的差异会影响竞赛、成就、就业等方面的个体心理和行为。

不同的学者对自信心的理解和界定不相同。他们从不同的角度认识、研究自信心，并根据各自研究需要对自信心加以界定，因此在自信心内涵的界定上至今仍存在较大分歧。

国外学者最先对自信心的概念进行界定。人本主义心理学家最早对自信心进行了定义，认为自信心是自尊需要获得满足时产生的一种情感体验，尊重需要缺乏满足就会导致沮丧和自卑感，一个具有足够自尊的人总是更具信心、能力和效率。Dickstein（1977）认为自信心是指在涉及具体活动领域或担当某个角色时，个体产生的一种自我效能感。还有学者认为，自信心是对自我办事能力的确信，是个人对自我能力和价值的感觉，反映了自己认识和掌握问题及尊重与坚持利益需要的能力。也有学者将自信心视为自尊的一个组成部分，并把自信心定义为一个人对自己的能力或技能的感受，是对自己有效应付各种环境的主观评价。

国内学者对自信心的定义也有若干种。有学者认为自信心是个体相信自己的能力和精力的一种自我意向；还有学者认为自信心是指个人信任自己，对自己所知者与所能者具有的信心，对自己所做的事或所下的判断不存有怀疑。

本节关注的是审计师自信心这一个体特征对其在审计任务及认知过程中的判断或决策的影响，即审计师信任自己，对自己所知者与所能者具有一定程度信心，对自己所做的事或所下的判断不存有怀疑，这里所说的自信心不是针对一次行动的决策自信，而是审计师对待任何事情所具有的自信心，是一种个体特征，不因情境的不同而改变。因此，本节的自信心反映的是一种自我效能感，对自己所知者与所能者具有的信心，对自己所做的事或所下的判断不存有怀疑。本书以审计师为研究对象，测量审计师本身的自信程度，并探究其自信心如何影响其相关决策。

3.2.2 公允价值金额确认的相关研究

3.2.2.1 公允价值金额确认和计量

2006年《企业会计准则》引入公允价值计量属性提高了会计信息的相关性和有效性，但同时，公允价值计量的不确定性及变动性又使其难以满足会计信息可靠性的质量要求。公允价值计量既包括精确计量又包括非精确计量，除非在活跃市场上存在相同资产或负债的公平报价（该种情况存在，但较少出现），否则公允价值就是计量日根据市场参与者假设的非精确计量。Christensen等（2012）检验了美国通用汽车公司（General Motors Company，GM）和美国富国银行（Wells Fargo）报告的估计数值，发现了基于管理层主观性的模型和包含估计不确定性及不精确的数据输入而确定的公允价值与其他估计会远高出审计重要性。同时，他们在对美国通用汽车公司和美国富国银行相关资产公允价值估计研究中发现，公允价值对模型输入的数据的微小变化较敏感。上述研究结果表明，如果利用模型估计公允价值，当输入的数据不准确时，会造成公允价值的较大偏差。当公允价值失去了它的可靠性时，会计信息的相关性和有效性也就无从谈起。当前我国公允价值的确定及对其可靠性的评估仍是一个难题，公允价值的可靠性缺乏保证，这会对报表使用者甚至市场产生较大影响，特别是，作为新兴国家和经济转型国家，我国的绝大部分公允价值计量属于第二个层次和第三个层次，第二个层次和第三个层次的公允价值计量具有较大的主观性，需要进行会计估计，其数据输入会导致估计不确定性。

2014年财政部制定并发布了《39号公允价值计量准则》，对公允价值金额确认、计量和披露进一步做出更加明确具体的规定，对企业公允价值的评估能力及审计师审计能力提出了较高的要求。特别是当不存在活跃的交易市场的时候，企业就要采取估值技术，这不仅要求企业在估值时对相关的市场参数有全面的了解，而且要求企业有较高的风险控制能力与信息掌握能力。例如，管理层可能需要掌握金融衍生品或期权定价模型对于预计未来现金流量的影响。

3.2.2.2　管理层对公允价值金额的操纵

公允价值在计量过程中存在较大的主观性，交易双方有可能为了某种目的而进行价格上的操纵。公允价值的不确定性也使管理层有机会利用计量假设和主观性的模型，这使我国企业对于公允价值的会计核算存在可靠性不高的问题或明显的计量错误，如企业没有使用活跃市场的公开报价、不恰当的引用公开报价及操纵公开报价等行为。

除了对公允价值的操纵之外，管理层常利用衍生金融资产进行盈余管理。叶建芳等（2009）对新会计准则下上市公司金融资产的分类进行了实证研究，他们发现，为降低公允价值变动对利润的影响程度，管理层利用交易性金融资产和可供出售金融资产的重分类进行盈余管理。

在公允价值会计估计中，管理层拥有自由量裁权。众多研究表明，管理层会投机地利用自由量裁权。Li和Sloan（2017）检验了2003~2009年之间的商誉减值，发现商誉减值与过去相联系，而非与同期的数据相联系，该研究表明，管理层的自由量裁权使得商誉减值推迟确认。Ramanna和Watts（2012）检验了代理理论相关预测，通常管理者使用无法验证的判断力与其私人动机相一致，并发现管理者出于报酬和自身声誉的动机，使用自由量裁权来避免商誉减值。Johnston（2006）采用实证研究的方法，检验了公司是否在财务报表中确认股票期权费用的问题，并发现与那些不在财务报表中确认股票期权费用（仅在财务报表附注中披露）的公司相比，自愿在财务报表中确认股票期权费用的公司更可能通过调整期权定价模型，使费用出现较大幅度的下降。

上述研究均提供了大量证据表明，存在客户对公允价值会计估计有偏向的现象。同时，我国公允价值计量环境的不确定性程度偏高，导致了我国公允价值会计估计中存在大量估计的不确定性。衍生金融资产采用公允价值计量，并且衍生金融资产相较其他资产更加复杂，衍生金融资产的操纵空间进一步增大。目前，我国金融衍生工具市场仍然处于发展之中，会计准则和监管机制并未达到完全成熟状态，大多数情况下难以获取市场价格，需要采用估值技术来确定公允价值，这些情况给企业操纵衍生金融资产公允价值会计估计提供了机会。管理层利用会计估计的动机主要有避免利润下降、维持报告利润的平稳、企业价值最大化、满足分析师对企业预测要求、满足监管要求、出于自身报酬和声誉等。企业及管理层可能出于上述动机对衍生金融资产公允价值金额进行操纵。2011年，据美国财政部下属货币监理署（Office of the Comptroller of the Currency，OCC）公布的数据显示，摩根士丹利所持衍生品合约的总名义价值为56万亿美元，但这一数字夸大了衍生品的总价值。

3.2.3 公允价值信息披露的相关研究

3.2.3.1 公允价值信息披露

公司的信息披露是信息使用者的主要信息来源，因此信息披露应发挥其在风险估计和预测方面的作用。葛家澍（2002）认为，“高质量会计准则所要求的信息披露，应当涉及风险，特别是揭示企业操作高风险的金融衍生工具之类的业务时，更应侧重于风险的披露”。邓传洲和李正（2003）提出我国证券市场中，投资者只能依赖财务报告披露的风险信息来判断公司风险。由此可见，信息披露对于风险的估计和预测是十分重要的。同时，信息披露可以为信息使用者提供风险类型和风险产生的原因等相关信息。但是，陈少华和李盈璇（2013）对2007年这一时期中国上市公司持有金融衍生工具面临的风险进行分析，并对上市公司2007年财务报告中有关金融衍生工具的信息披露内容进行整理时，通过比较金融衍生工具风险与金融衍生工具风险的信息披露内容，他们发现，目前上市公司金融衍生工具风险信息披露主要停留在揭示阶段，有关风险的信息披露不足。对金融衍生工具风险所进行的分析、评估、预测及信息披露远远不够，并不足以支持利益相关者对金融衍生工具风险进行分析和预测。目前，绝大多数上市公司对金融衍生工具的风险披露是“藏”在整体金融工具的风险披露中的，没有专门针对金融衍生工具的风险进行系统的分析，因此信息使用者无法对金融衍生工具的总体风险水平做出判断。

除了衍生金融资产风险相关信息披露存在一定的问题以外，对衍生金融资产公允价值相关信息的披露也不完善。2011年中国证券监督管理委员会经过调查和分析发现，大部分以公允价值计量的金融资产及负债集中在第二层次，采用第一层次（公开市场报价）的金融资产和负债占比分别为12%和3%。在按照第二层次确定公允价值的情况下，对具体在同类或类似资产价值的基础上考虑对什么因素进行调整、如何调整的披露情况不尽理想。同时，通过查阅若干行业的多家企业的财务报告发现，金融行业对衍生金融资产公允价值相关信息的披露最详细，而其他行业对衍生金融资产公允价值相关信息的披露较为简略，并且详略程度存在一定的差异。衍生金融资产较为复杂，许多投资者对其了解较少，缺乏充分的知识对其进行独立分析，因此披露简单可能会影响投资者做出判断。

3.2.3.2　管理层对公允价值信息披露的隐瞒

Rennekamp（2012）通过文献回顾发现，公司提交可读性较差的公允价值信息披露可能会有一些好处，特别是当这些披露包含了一些消极信息时。由此推测，管理层除了无意中披露衍生金融资产公允价值的简略信息之外，也可能故意对衍生金融资产公允价值做出简略说明，以防止其操纵公允价值会计估计的行为被财务报表使用者发现。

研究表明，对公允价值披露不详细会影响财务报表使用者的判断和决策。Davis-Friday等（2004）调查了导致报表使用者对披露的可靠性感知较低的原因。结果表明，当企业提供范围性披露有较高的可能性降低计划的利益时，人们感知的披露的可靠性较低。这些结果同时表明，如果在披露中提供更多支持性的细节，将会提高披露的可靠性。Li（2008）认为可读性较差的披露使得投资者很难提取包含在披露中的信息。Rennekamp（2012）认为，可读性较差的披露会使得投资者认为这些信息可靠性较差，从而使他们不太会对这些信息做出反应。

3.2.4　信任与审计调整决策

3.2.4.1　信任理论

人们常使用信任一词。不同学科、不同学者对信任的概念有不同的看法和定义。在本节中，通过文献回顾，梳理了若干种信任定义，并结合本书的研究背景，给出了信任判断的定义。本书中的信任判断指的是认知型信任，即建立在认知推理基础上的信任，对方的角色表现的可靠性及专业知识等均会影响认知信任，信任者会依据对象及情境的不同来选择是否依赖被信任者及其行为。

雷宇（2015）从信任客体特征、信任主体特征、主体与客体关系及外部环境四个方面对信任的影响因素进行了讨论。信任是主体对客体及其行为做出的判断，因此客体特征会影响信任，影响信任的客体特征既包括单一客体的特征，也包括多个客体表现出的特征。信任是主体的行为，所以主体的个人特征也会影响其对客体及其行为所做出的信任判断。信任主体的个人特征包括心理特征（如乐观、外向、自信心、生活满意度、社会忠诚感等）和理性推理等。主体与客体的关系亲疏（如家人、朋友、同事、工作关系等）会影响信任。存在某种关系说明主体与客体之间比较熟悉或信息相对透明，因此主体更容易给客体较高的信任判断。主体对客体及其行为做出信任判断时，总是基于一定的环境中。因此，当主体在进行信任判断时，外部环境也会影响其判断。影响信任的外部环境包括宏观环境（制度、文化）和微观环境（场景、情境）。

雷宇（2015）从信任的角度阐释了会计信息有用性的已有观点，得出结论，会计是一种信任机制，并建立了会计的信任机制分析框架，从复式记账、会计准则和外部审计三个方面分析了会计是一种信任机制的观点。复式记账这种两分法具有相互一致性，可以避免差错，保证会计信息可信性；会计准则具有强制性，同时为会计人员提供标准性的、合理的会计处理方法，能够在一定程度上保证会计信息是真实情况的反映；而外部审计可以克服会计准则不完善、制定难度大等缺点，进一步提高会计信息可信性。会计信息使用者通过掌握会计信息而对企业产生信任，正是因为信任，促使投资者做出投资决策，如果不信任，那么投资者就会压低价格甚至不投资。

3.2.4.2 信任对一般决策的影响

研究表明，信任会潜在地影响人们的决策。由上述信任理论可知，当面对不确定性和不可控性的情况时，决策者的信任判断对决策具有重要影响。许多决策实际上是一种信任决策，信任程度高低会直接影响决策者做出的决策。

Jones（1996）将信任视为镜头，他认为，信任反映了信任者（信任主体）如何理解被信任者（信任客体）的行为。信任可以降低信任者对被信任者行为的监视程度，甚至使信任者遵守被信任者的行为（Bijlsma-Frankema et al.，2005）。进一步地，信任可以影响信任者的行为和决策（Morgan and Hunt，1994）。信任会促成合作，合作与信任呈正相关关系（Morgan and Hunt，1994），认知型信任会促进信任双方的合作。在委托代理关系中，信息不对称是表面现象，该现象的本质是信任问题，逆向选择和道德风险问题都来源于代理人的不诚信和委托人的不信任（雷宇，2015）。

此外，根据信任理论可知，信任主体的个人心理特征会影响其信任判断，进而影响人们的决策。研究表明，个体特征是决策者带入任务或认知过程中的一些影响其判断或决策的因素（Nelson and Tan，2005），能够影响决策结果，并且某些个体特征可能起到减弱不利影响的调节作用，在人们做决策的过程中发挥着重要作用。自信心属于个人的个体心理特征之一，Luce（1994）发现，当处于不确定性的情境并面临市场压力时，自信心可以作为一种保护力量。此外，大量研究探讨了自信心与说服性沟通之间的关系,发现个人自信心与可说服程度呈负相关。Shuchman和Perry（1969）的研究也表明，个人自信心与被说服程度之间有较强的关联，与具有中等自信心的人相比，当人们具有较高的自信心时，他们更不容易被说服。Stimpson（1970）检验了承诺和自信心对可说服程度的敏感性，结果表明，当人们对特定目标具有较高程度自信心和承诺时，人们不太可能采纳其他人提出的有关改变行为的建议。Boush等（1994）的研究表明，低自信心的人不太敢于依赖自己的决策，同时自信心使人们敢于对结论提出挑战，而不是简单地接受所看到的东西。自信心促使人们抵制被说服的意图，同时促使人们对他人的假设和结论提出挑战。Briñol等（2006）研究了自我肯定在顾客说服中的作用。结果表明，自我肯定可以增强自信心，从而影响顾客的信息掌握程度及被说服程度。这说明，自信心的强弱影响决策过程中人们做出的信任判断。自信心强弱不同，其被外界信息、行为等说服的程度不同，从而会做出的信任判断不同，而信任判断不同会影响其决策。

3.2.4.3 信任对审计调整决策的影响

上述理论及研究已经表明，信任会影响人们的决策。信任的前提是客体行为的不确定性和不可控性。在审计工作中，由于准则不完善、不具体明确，涉及主观性事项时，审计师常常需要面临客户的各种不确定和不可控行为等，审计工作中，审计师常常需要做各种各样的决策。因此，结合信任理论可以推测，在审计工作中，信任是审计师决策过程中重要的中间环节，审计师的信任判断成为影响其决策的一个重要因素。

研究表明，信任可能会潜在地影响审计师的决策及行为。客户始终具有自利性动机，会试图通过获取审计师的信任来操纵其调整决策（Rennie et al，2010）。比起具有低程度信任的审计师，具有高程度信任的审计师不太可能注意激进财务报告的证据（Rose，2007）。此外，King（2002）的实验研究发现，当管理层表现出具有信任性的行为时，审计师执行审计工作较为不严格。另外，审计师可能有保留客户动机，此时信任更促进了审计师选择与客户合作。

自信心是审计师的个人心理特征之一。根据信任理论及相关研究可以推测，在审计师的决策过程中，自信心将起到关键作用。Rennie等（2010）通过文献回顾，认为职业怀疑与信任呈负相关。这表明，自信心会影响审计师对客户行为所做出的信任判断，进而影响审计师的审计调整决策。

本章以信任为分析视角，研究客户行为与审计调整决策，上述文献回顾也充分表明，信任会影响客户行为与审计调整决策的关系。与此同时，我们发现，在分析信任对客户行为与审计调整关系的影响这一问题时，心智模型理论与信任理论有共通之处。为了更好地理解信任及自信心对客户行为与审计调整决策关系的可能影响机制，将信任理论和心智模型（图3-1）相结合，分析客户行为对审计调整决策的影响机制。

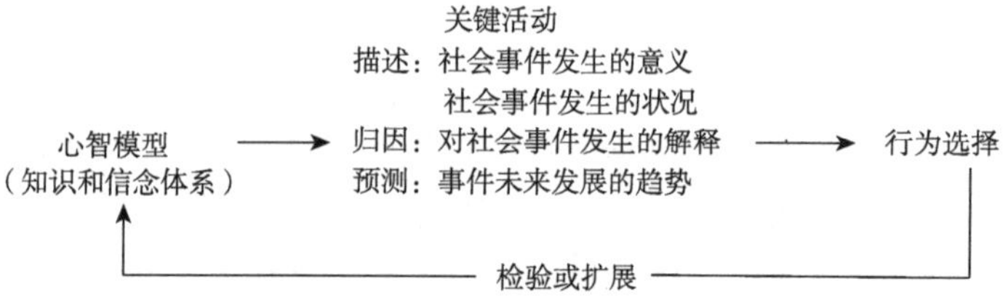

图 3-1　心智模型图

心智模型是在认知理论的基础上发展而来的。社会认知理论用来验证个体行为，并被大家所广泛接受，是当前社会心理学研究的一个重要领域。社会认知理论强调认知性因素在行为改变中的作用，认为个体、行为和环境是相互影响、相互依赖和相互决定的。其中在个体因素中，学者主要强调认知性因素（Bandura，1999），人们对于外界影响及得到的信息会进行认知和推理。在上述基础上，心智模型发展起来。心智模型是指认知主体利用概念，系统地对自身体验判断与分类的一种惯性化的心理机制或既定的认知框架，认知主体在各类活动中利用这个心理机制或认知框架来对认知对象进行描述、解释和预测，从而提高认知活动的效率。心智模型的主要作用是使人们能够形成推论或做出预测，理解所发生的现象，并采取行动或控制措施。对于外界影响及得到的信息的认知和推理需要借助于自身构造的心智模型，模型中的外界影响不再是其原本产生时的样子，而是个体为了完成决策任务对其进行重构加工后的样子（Goldvarg and Johnson-Laird，2001）。

本章以信任理论为基础，结合心智模型分析客户衍生金融资产金额确认和信息披露行为对审计调整决策的影响机制。

对于审计师来说，客户的公允价值金额确认和信息披露行为是审计师与客户沟通的信息基础，审计师可以信任该信息，也可以不信任该信息。面对这种外界信息，审计师会结合当前自己的知识、经验等重新对这些信息进行描述、归因及预测。例如，当客户确认的公允价值金额偏高时，审计师结合以往经验及具备的知识分析，认为客户可能存在高估资产的动机，如果不进行审计调整，则有可能导致错报，从而给投资者及自身带来麻烦。在对公允价值金额确认偏高的情况进行了描述、归因及预测后，审计师做出的行为选择可能是不信任客户给出的公允价值金额。同理，当信息披露较为简略时，审计师结合以往经验及具备的知识分析，认为客户可能存在故意隐瞒公允价值会计估计的相关信息。研究表明，如果不对客户给出的公允价值进行调整，则有可能导致错报，从而给投资者及自身带来麻烦。在对公允价值信息披露的情况进行了描述、归因及预测后，审计师做出的行为选择可能是不信任客户给出的公允价值信息披露。由上述分析可以看出，审计师的信任判断是决策过程中的关键环节。

通过上述分析推测，面对客户的公允价值金额确认和信息披露行为时，审计师的心智模型会起作用，并形成对上述行为的信任判断，而不同程度的信任判断导致了审计师做出不同的审计调整决策。即在心智模型的作用下，客户信息行为通过影响审计师的信任判断来影响其审计调整决策。

自信心是人们在决策过程中的一个认知因素，影响着人们做出的信任判断，进而影响人们的决策。无论面对何种外界信息，当人们的自信心越高时，越不容易受外界信息的影响，而是根据自己原有的认知模式来进行信任判断进而做出决策。结合上述审计背景，相比低自信心的审计师，当审计师自信心较高时，无论客户的公允价值金额确认估计较高还是较低（公允价值信息披露较详细还是较简略），其在进行审计调整决策时受到客户上述行为的影响较小，而主要是根据自身的认知模型给出自己的信任判断，并根据这个信任判断来进行相应的审计调整。

3.2.5　对现有文献的评价

目前有关会计估计的研究主要关注的是资产减值、坏账损失及会计估计对盈余管理的影响，而关于公允价值会计估计的研究较少。此外，上述研究主要涉及的是公允价值金额确认，较少有研究关注公允价值信息披露问题。而公允价值计量和信息披露行为都属于客户信息行为，已有研究表明，客户信息行为能够影响投资者、审计师等的决策。因此，探究这种信息行为如何影响相关人员的决策，将对以往研究起到补充作用。

回顾客户行为与审计调整决策的相关研究发现，现有研究并未探讨与调整事项相关的客户信息行为对审计调整决策的影响。同时，上述研究更多从审计差异本身的特征及后果入手，静态地探索了影响审计调整决策的因素，忽略了决策形成过程中，客户行为通过影响审计师的动态认知和信息加工，对审计调整决策造成的影响。以往研究静态检验了审计差异特征及后果对审计调整决策影响的研究，简单直接地解释了影响产生的原因，没有研究与探讨审计领域中信任判断在客户行为和审计师特征与审计调整决策之间的中介作用，Rennie等

（2010）的研究虽然在研究模型中提出了信任的中介作用，但是他们的研究只检验了客户行为对审计师信任判断的影响，而未检验信任判断与审计师调整决策的关系。此外，目前审计研究领域较少有学者关注自信心这一个体特征对审计师调整决策的影响。并且，现有研究并未探讨自信心如何调节客户行为对审计调整决策的影响。因此，本书关注审计师信任判断对客户信息行为与审计调整决策关系的中介作用，以及审计师自信心这一特征对客户信息行为与审计师信任判断关系的调节作用。

3.3 理论分析与假设

3.3.1 公允价值金额确认和信息披露行为对审计调整决策的影响及影响机制

公允价值的会计处理和信息披露过程，具有极大的估计不确定性和主观性，存在着交易双方为了某种目的而进行的价格操纵。因此，公允价值会计估计审计就信任理论的认知过程，即审计师依据客户的角色表现和专业知识，经过认知推理来判断是否信赖其行为，然后在此基础上做出具有信任决策特征的审计调整决策。

我国普遍存在资产账面价值大于实际价值的现象，企业倾向于高估资产、低估负债，以较高的净资产来吸引投资者。因此，客户在其财务报表中确认的公允价值金额较高时，审计师会结合以往经验推断这是客户受其利己主义动机的影响而做出的不值得信任的行为，从而给出较低的信任判断。当审计师对客户公允价值金额确认行为做出较低的信任判断后，他们会提高对客户行为的监督和抵抗水平，降低配合客户要求的可能性。最终，这会导致审计师要求客户对其确认的公允价值金额进行更多的审计调整，以保证审计后财务报表的质量。相反，客户在其财务报表中确认的公允价值金额较低时，审计师相对会信任其金额确认行为，从而执行的审计工作较为不严格（King，2002），不太可能注意激进的财务报告中存在的错误（Rose，2007），提高审计师配合客户要求的可能性，最终要求的审计调整会较少。由此提出假设。

H1a：与公允价值金额确认较低相比，当客户确认的公允价值金额较高时，审计师要求客户做出的审计调整金额更多。

H1b：审计师的信任判断能够在客户公允价值金额确认行为对审计调整决策的影响过程中起中介作用。

除了公允价值金额确认外,客户也可能操纵与公允价值相关信息的披露水平,从而影响利益相关者的决策。Bell和Griffin（2012）认为增加对公允价值会计估计不确定性的披露能够改善管理层的会计估计精确度,降低管理层的会计估计偏差。所以，当客户有意隐瞒对公允价值的有偏会计估计时，他们往往选择较低水平的公允价值相关信息披露。因此，客户在其财务报表附注中披露的公允价值信息简略时，审计师会结合以往经验推断这是客户为了隐藏对公允价值的有偏估计而做出的不值得信任的行为，从而给出较低的信任判断。当审计师对客户公允价值信息披露行为做出较低的信任判断后，他们会提高对客户行为的监督和抵抗水平，降低配合客户要求的可能性。最终，这会导致审计师要求客户对其确认的公允价值金额做出更多的审计调整，以纠正较高的有偏估计并保证审计后财务报表的质量。相反，客户在其财务报表附注中披露的公允价值信息详细时，审计师相对会信任其信息披露行为。这种对客户行为的信任将提高审计师配合客户要求的可能性，最终要求较少的审计调整。Rennie等（2010）也发现，管理层的信息沟通开放度能够正向影响审计师对管理层的信任水平，即增加信息披露可能提高审计师对客户行为的信任判断。由此提出假设。

H2a：与公允价值信息披露详细相比，当客户披露的公允价值信息简略时，审计师要求客户做出的审计调整更多。

H2b：审计师的信任判断能够在客户公允价值信息披露行为对审计调整决策的影响过程中起中介作用。

3.3.2 自信心对公允价值金额确认和信息披露行为与信任判断之间关系的调节作用

上述分析表明，信任判断是影响审计师最终审计调整决策质量的关键环节。而这种根据自身专业知识和经验对客户公允价值金额确认和信息披露行为进行再次解析，并得出是否信任客户行为的认知加工过程，会受到审计师本身自信心水平的影响。高自信心的个体往往更愿意坚持自己观察和思考后得出的结论，不会轻易接受外界直接灌输的信息或受到他人行为的干扰。因此，审计师具有较高的自信心时,可能会更为确信他们对客户公允价值金额确认和信息披露行为的判断,导致信任判断呈现更显著的差异性。即审计师对自身认知结果有较高自信时，将使他们对自己认为更可信的行为赋予更高的信任水平，而对自己认为更不可信的行为赋予更低的信任水平。相反，低自信心的个体一般较少主动观察和思考，容易被外界信息或他人行为所干扰。因此，审计师具有较低的自信心时，他们根据不同的客户公允价值金额确认和信息披露行为得出的信任判断可能并没有明显的差异。由此提出假设。

H1c：审计师自信心较高时，他们在客户公允价值金额确认较高时做出的信任判断显著低于金额确认较低时；审计师自信心较低时，他们在客户公允价值金额确认较高和较低时做出的信任判断没有显著差异。

H2c：审计师自信心较高时，他们在客户公允价值信息披露简略时做出的信任判断显著低于信息披露详细时；审计师自信心较低时，他们在客户公允价值信息披露简略和详细时做出的信任判断没有显著差异。

本节的概念模型如图3-2所示。

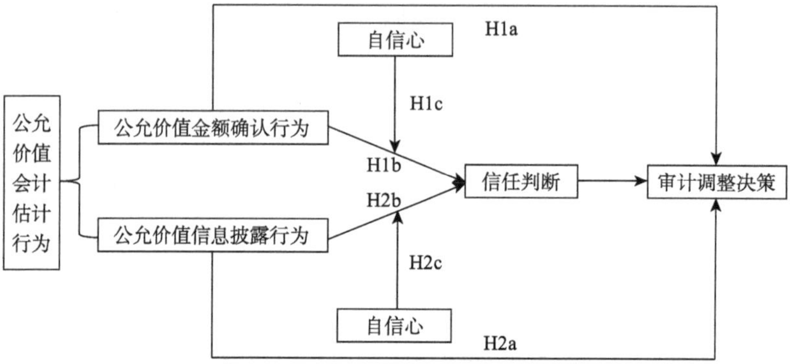

图 3-2　概念模型图

3.4 研究方法

3.4.1 实验设计和被试

本研究包括两个实验：实验一的自变量为客户公允价值金额确认行为，包括金额确认较高与较低两个水平；实验二的自变量为客户公允价值信息披露行为，包括信息披露详细与简略两个水平。两个实验的因变量均为审计师的审计调整决策。

实验以具有较多审计实践经验的80名会计师事务所合伙人和经理为被试对象，其中合伙人17名，项目经理63名。参加实验一的被试中有1人未完成主要变量的回答，最终有效被试为79名，平均审计工作经验为94.08个月。参加实验二的被试中有3人未完成主要变量的回答，最终有效被试为77名，平均审计工作经验为95.79个月。

3.4.2 实验任务、过程和变量操控

实验开始前，研究人员联系了若干家会计师事务所进行被试征集，并与征集

到的被试逐一联系，确定了实验材料的发放时间。在商定时间由被试花费大约30分钟去完成实验材料，并交给负责发放的研究人员收回。

两个实验均首先告知被试将自己视为某上市公司2015年年报审计业务的负责人，实验任务均为该公司外勤审计工作完成后发现的一项衍生金融资产期末公允价值争议。实验一通过给出客户年报中确认的衍生金融资产期末公允价值及事务所技术支持部门对该项衍生金融资产期末公允价值的评估建议，操纵了客户的公允价值金额确认较高和较低两个水平。实验二通过给出客户财务报表附注中披露的该项衍生金融资产期末公允价值信息，操纵了客户的公允价值信息披露详细和简略两个水平。与披露简略相比，披露详细的信息中增加了公允价值输入值参数的来源、衍生金融资产的明细分类和金额、公允价值的估值技术和重要参数的定性及定量信息。

两个实验均要求被试在阅读完实验任务和有关自变量的操纵信息后，做出对该项衍生金融资产期末公允价值的调整决策，然后判断对客户的公允价值金额确认行为、信息披露行为的信任程度以获取中介变量并完成自信心测量量表，用于检验自信心在自变量与信任判断之间的调节作用。最后要求被试填写操控检验和人口统计信息（指被试目前的职业及经验）。两个实验间隔约1个月，以避免实验一对实验二的干扰。

3.5 实验结果及分析

3.5.1 操控检验

实验一要求被试在11点量表中回答：“您认为，客户管理层在年报中确认的该项衍生金融资产期末公允价值高于事务所技术支持部门评估建议的程度如何?”以检验被试是否感受到对客户公允价值金额确认行为的操控。确认金额较高组中被试回答的均值为7.85，显著高于确认金额较低组中被试回答的均值5.38（F=38.62，p<0.001），自变量操控有效。实验二要求被试在11点量表中评价：“您认为，客户管理层在年报中披露的该项衍生金融资产期末公允价值信息的详略程度如何?”以检验被试是否感受到对客户公允价值信息披露行为的操控。披露详细组中被试回答的均值为5.85，显著高于披露简略组中被试回答的均值2.47（F=31.78，p<0.001），自变量操控有效。

3.5.2 假设检验

3.5.2.1 客户公允价值金额确认和信息披露行为对审计师审计调整决策的影响

客户公允价值金额确认行为对审计师审计调整决策影响的检验结果如表3-2所示。客户公允价值金额确认较高组中，被试要求的审计调整金额均值是3882万元，显著高于金额确认较低组的均值1568万元（F=150.55，p<0.001）。H1a得到支持。

表 3-2 客户公允价值金额确认行为对审计师审计调整决策的影响

组 A：描述性统计			
统计量	金额确认行为		合计
	金额确认较高	金额确认较低	
均值/万元	3 882	1 568	2 740
标准差/万元	863	813	1 438
人数/人	n=39	n=40	n=79

组 B：单因素方差分析				
来源	自由度	均方	F值	p值
组间	1	10 578.67	150.55	0.000
组内	77	70.27		
合计	78			

客户公允价值信息披露行为对审计师审计调整决策影响的检验结果如表3-3所示。客户公允价值信息披露行为详细组中，被试要求的审计调整金额均值是2697万元，显著低于信息披露行为简略组的均值3947万元（F=20.13，p<0.001）。H2a 得到支持。

表 3-3 客户公允价值信息披露行为对审计师审计调整决策的影响

组 A：描述性统计			
统计量	信息披露行为		合计
	信息披露行为详细	信息披露行为简略	
均值/万元	2 697	3 947	3 314
标准差/万元	1 509	830	1 367
人数/人	n=39	n=38	n=77

组 B：单因素方差分析				
来源	自由度	均方	F值	p值
组间	1	30 069 800	20.13	0.000
组内	75	1 493 700		
合计	76			

3.5.2.2 信任判断的中介作用

为了检验假设H1b，使用Baron和Kenny（1986）的方法进行三步回归。检验结果如表3-4所示，金额确认行为显著影响信任判断（a_1=−1.32，p=0.025）；金额确认行为显著影响审计调整决策（b_1=23.15，p<0.001）；将信任判断和金额确认行为同时引入模型后，金额确认行为的回归系数变小但仍然显著（c_1=21.32，p<0.001），且信任判断的回归系数显著（c_2=−1.38，p<0.001）。这说明信任判断部分在客户公允价值金额确认行为对审计调整决策的影响中发挥了中介作用，Hlb得到支持。

表 3-4 信任判断在客户公允价值金额确认行为与审计调整决策之间的中介作用

项目	模型 1	模型 2	模型 3
来源	因变量、中介变量	因变量	因变量
	信任判断	审计调整决策	审计调整决策
常数项	4.55（p<0.001）	15.67（p <0.001）	21.97（p <0.001）
金额确认行为	−1.32（p=0.025）	23.15（p <0.001）	21.32（p <0.001）
信任判断			−1.38（p<0.001）
F	5.240	150.550	98.689
Adj-R^2	0.052	0.657	0.715

注：统计学根据显著性检验方法所得到的 p 值，一般以 p<0.05 为有统计学差异，p<0.01 为有显著统计学差异，p<0.001 为有极其显著的统计学差异

假设H2b的检验结果如表3-5所示，信息披露行为显著影响信任判断（a_1=3.22，p<0.001）；信息披露行为显著影响审计调整决策（b_1=−12.50，p<0.001）；将信任判断和信息披露行为同时引入模型后，信息披露行为的回归系数不再显著（c_1=−4.02，p=0.148），而信任判断的回归系数显著（c_2=−2.63，p<0.001）。这说明信任判断在客户公允价值信息披露行为对审计调整决策的影响中发挥了中介作用，H2b得到支持。

表 3-5 信任判断在客户公允价值信息披露行为与审计调整决策之间的中介作用

项目	模型 1	模型 2	模型 3
来源	因变量、中介变量	因变量	因变量
	信任判断	审计调整决策	审计调整决策
常数项	2.26（p<0.001）	39.47（p<0.001）	45.43（p<0.001）
信息披露行为	3.22（p<0.001）	−12.50（p<0.001）	−4.02（p=0.148）
信任判断			−2.63（p<0.001）
F	29.823	20.132	31.083
Adj_R^2	0.275	0.201	0. 442

注：统计学根据显著性检验方法所得到的 p 值，一般以 p<0.05 为有统计学差异，p<0.01 为有显著统计学差异，p<0.001 为有极其显著的统计学差异

3.5.2.3 自信心对客户公允价值金额确认和信息披露行为与信任判断之间关系的调节作用

实验一中79名被试的自信心测量结果表明，量表的信度、效度较好（Cronbach's α=0.832；KMO=0.782，Bartlett球形检验p<0.001）。按均值33. 44将全体被试分为自信心较高和较低两个组，以便于检验审计师自信心的调节作用。表3-6的方差分析显示，自信心的主效应显著（F=3.90，p=0.052），但金额确认行为与自信心的交互效应不显著（F=1.43，p=0.235）。由于H1c对金额确认行为与自信心之间的关系做出了次序性交互（两条线虽然不平行但并未直接相交，如图3-3所示）的预期，因此进一步对实验组赋值进行计划比较检验（Rosnow and Rosenthal，1995），以便分析假设预期的交互作用是否存在。计划比较检验结果显著（t=2.10，p=0.039），表明H1c预期的次序性交互作用存在。随后进行的简单主效应分析显示，自信心较高时，审计师在金额确认较高时所做的信任判断显著低于金额确认较低时（F=5.12，p=0.029）；自信心较低时，审计师在金额确认较高和较低时所做的信任判断没有显著差异（F=0.18，p=0.674）。H1c得到支持。

表 3-6 自信心对客户公允价值金额确认行为与信任判断之间关系的调节作用

组 A：描述性统计

项目	统计量	自信心较高	自信心较低	合计
金额确认较高	均值/万元	345	300	323
	标准差/万元	185	224	203
	人数/人	20	19	39
金额确认较低	均值/万元	519	336	455
	标准差/万元	303	259	299
	人数/人	26	14	40
合计	均值/万元	443	315	390
	标准差/万元	271	236	263
	人数/人	46	33	79

组 B：方差分析

来源	自由度	均方	F值	p值
金额确认行为	1	207400	3.29	0.074
自信心	1	245700	3.90	0.052
金额确认行为*自信心	1	90300	1.43	0.235

组 C：金额确认行为对信任判断的简单主效应分析

自信心	自由度	均方	F值	p值
自信心较高	1	343200	5.12	0.029
自信心较低	1	10300	0.18	0.674

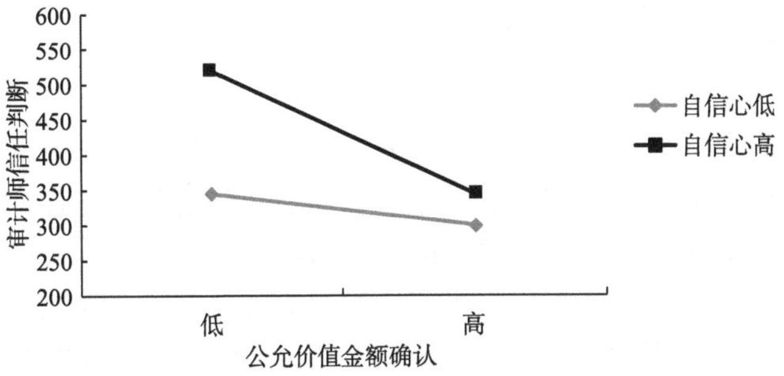

图 3-3 客户公允价值金额确认行为、自信心对信任判断的影响

实验二中77名被试的自信心测量结果表明量表的信度、效度较好（Cronbach's α=0.839；KMO=0.780，Bartlett球形检验p<0.001）。按均值33.45将全体被试分为自信心较强和较弱两个组，以便于检验审计师自信心的调节作用。表3-7的方差分析显示，自信心的主效应不显著（F=0.06，p=0.810），但信息披露行为与自信心的交互效应显著（F=9.10，p=0.004）。简单主效应分析显示，自信心较高时，审计师在信息披露详细时所做的信任判断显著高于信息披露简略时（F=44.26，p<0.001）；自信心较弱时，审计师在信息披露详细和简略时所做的信任判断没有显著差异（F=1.45，p=0.239）。H2c得到支持。

表 3-7 自信心对客户公允价值信息披露行为与信任判断之间关系的调节作用

组 A：描述性统计

项目	统计量	自信心较高	自信心较低	合计
信息披露行为详细	均值/万元	621	433	549
	标准差/万元	283	302	301
	人数/人	24	15	39
信息披露行为简略	均值/万元	159	319	226
	标准差/万元	168	226	208
	人数/人	22	16	38
合计	均值/万元	400	374	390
	标准差/万元	329	267	304
	人数/人	46	31	77

组 B：方差分析

来源	自由度	均方	F 值	p 值
信息披露行为	1	1 535 700	25.08	0.000
自信心	1	3 600	0.06	0.810
信息披露行为*自信心	1	557 200	9.10	0.004

组 C：信息披露行为对信任判断的简单主效应分析

自信心	自由度	均方	F 值	p 值
自信心较高	1	2 447 200	44.26	0.000
自信心较低	1	101 700	1.45	0.239

3.6 研究结论与启示

基于信任理论，本章采用实验研究方法分析并检验了客户信息行为对审计师审计调整决策的影响，信任判断对上述影响的中介作用及自信心对客户信息行为与信任判断关系的调节作用。主要结论及启示如下。

其一，与金额确认较低相比，当客户确认的公允价值金额较高时，审计师的信任程度判断较低，要求的审计调整金额更高；与信息披露详细相比，当客户披露的公允价值信息简略时，审计师的信任程度判断较低，要求的审计调整金额更高。其中的关键在于审计师对客户行为进行认知重构并得出的信任判断。其二，审计师的自信心会影响其信任判断。审计师自信心较强时，他们对不同的客户信息行为的信任判断存在明显差异；而审计师自信心较弱时，他们对不同的客户信息行为的信任判断差异不显著。

此项研究对于客户方管理层信息行为、审计质量的提升及现行准则的完善具有重要的实践意义和启示意义。首先，客户方管理层应当了解，操纵公允价值会计估计的行为是能够被审计师识别的，只有合理地做出公允价值金额确认和信息披露行为，才能在获得审计师信任的基础上，避免更严厉的审计调整。当然，政府监管机构和会计师事务所也应当注重对审计师信任判断环节的培训和强化，从而保证审计质量。其次，会计师事务所在进行职业人才选拔和培训时应当有意识地鉴别并提升审计师的自信心水平，从而帮助审计师更好地识别客户利己主义动机，改进职业判断。最后，基于公允价值会计估计和审计的复杂性，研究结论表明，现行相关准则仍有继续完善的空间和必要性。例如，公允价值审计准则应当增加需要审计师独立做出主观判断环节的指导建议及示例，减少现行审计准则偏重于验证客户公允价值估值结果对审计师决策的负面引导，提高公允价值审计工作质量。

4　客户情感行为与审计师的审计调整决策

4.1　问题的引入

客户情感行为是指客户方管理层向审计师表达其对自身报酬的关注，从而使审计师感知到其盈余管理动机，并对后续的审计调整决策产生相应影响的行为。所谓管理层关注，具体是指在实行以经营业绩为基础的管理层报酬制度中，客户方管理层对影响其预定盈利目标实现的错报调整的关注。他们往往会在审计师审计过程中明确表示反对调整这些错报，而这种关注会更容易引起审计师的警觉，并被审计师认为客户方管理层有非常大的可能性存在利润操纵以实现盈利目标和获得管理层报酬，出于规避风险的考虑，审计师坚持审计调整的意愿便会得到加强。

在财务报表项目审计结束后，审计师对审计过程中所发现的错漏报情况做出调整或不调整客户方财务报表的决策，是影响审计质量最为关键的环节。一般认为，审计质量是参与市场评估的审计师发现客户会计系统中的错报及报告该错报的联合概率（DeAngelo，1981）。高质量的审计不仅依赖于审计师良好的发现重大错报的专业技能，而且需要其恰当地报告错报，即便审计师通过审计程序发现了所有错报，如果没能坚持报告这些错报，审计失败依然可能发生（Palmrose，1987）。而恰当报告错报则来自正确的调整决策，因此在管理层表达关注的行为后，审计师是否仍能做出正确的审计调整决策，对审计质量的提高具有重要意义。

经审计的财务报表是审计师和客户争议解决过程的结果，而非简单地修正以反映审计师提出的所有审计差异（Antle and Nalebuff，1991）。因此，审计调整决策是审计师在和客户不断博弈的基础上形成的。而这一决策不但决定着客户方错报是否调整及调整金额的大小，还直接影响与客户的关系，影响到能否保留客户。基于上述问题，我团队拟采用审计实验研究方法，以一项数量上不重要但性质上重要的错报为实验任务，研究对审计差异性质重要性的提示、客户方管理层的关注和客户方审计委员会的有效性对审计师审计调整决策的影响，旨在检验我国新审计准则指南的效用，基于管理层报酬引起的管理层关注错报调整对审计调整决策的影响，以及有效的审计委员会是否能够影响审计调整决策，为我国的审计委员会有效发挥提高审计质量作用的情况提供实验证据。

4.2 文献回顾

自20世纪80年代末期以来，审计调整决策引起了人们的重视。Farmer等（1987）采用实验研究方法，研究了当客户采用一种规定中不存在的新的会计方法时审计师的调整决策。研究发现，当审计师面临的法律风险高而委托人的损失风险低时，审计师更可能要求客户进行调整，而且越有经验的审计师要求调整的可能性越大。Wright A和Wright S（1997）利用审计工作的实际档案研究了审计调整决策的影响因素。研究发现，审计差异数量的重要性、对收入的汇总方向性影响、审计差异的性质和审计客户的规模都会对审计师的审计调整决策产生重要影响，数量上越重要的审计差异被调整的可能性也越大。由于数量上不重要的审计差异常常成为客户盈余管理的主要手段，因此美国颁布《审计准则公告第89号》（SAS No.89）强化了客户方管理层对数量上不重要的错报的责任。之后，Libby和Kinney（2000）采用实验研究方法，检验了强制审计沟通能否减少审计调整决策中对盈余管理更正的机会主义行为。研究发现，《审计准则公告第89号》所要求的强制沟通的确增加了某些数量上不重要的盈余高估的调整比率，但这种作用仅限于那些不影响客户实现分析师预测一致的审计差异。同时，审计师对于放弃数量上不重要的审计差异的认可，并没有受到准则规定变化的影响。Phillips（2001）采用实验研究方法发现，激励因素对审计师放弃错报的调整决策没有显著影响，但是当诉讼风险较低时，审计师更倾向于做出违反准则规定的调整决策；此外，客户的财务状况、审计差异的主观性及审计差异对收入的汇总方向性影响都会在一定程度上影响审计师是否放弃错报的调整决策。Ng和Tan（2003）采用实验的方法，研究了当审计师提出的审计调整影响客户方实现分析家预测时，会计处理方法权威指南的可得性及客户方审计委员会的有效性对审计师的谈判结果感知的影响。研究发现，上述两个因素会对审计师的谈判结果预测产生积极的交互影响，特别是当缺乏有效的审计委员会时，权威指南可得性对审计师预测的积极影响会更大。研究还发现，被审计单位在谈判中做出让步能够提高审计师向客户偏好的解决方式让步的倾向。Ng和Tan（2007）还研究了影响客户方管理层实现不同盈利目标的能力时的审计调整决策。研究发现，影响客户方实现正盈余时，审计师记录这一审计差异的倾向强烈，显著高于审计差异影响客户方实现上期相同盈利水平或分析家预测的情形；同时，与审计差异影响客户方实现分析家的预测相比，当审计差异影响客户方实现与上一期相同的盈利水平时，审计师记录这一审计差异的倾向更强。在我国，很少有关于审计调整决策的研究。

4.3 研究背景与研究假设

重要性是审计调整决策的基础。在以往的审计中，审计师往往只关注数量上的重要性，忽视性质上的重要性。事实上，性质上的重要性同样会影响审计质量和会计信息质量，如一项使企业由亏损转变为盈利的很小的错报，很可能对投资者的决策的造成误导，尽管数量上达不到重要性水平，但它同样是重要的。为了引起审计师对性质重要性的重视，我国财政部在于2007年实施的《中国注册会计师执业准则》中强调了性质的重要性，并首次在此准则中详细列示了性质重要的具体条款。根据此准则，在有些情况下，虽然发现的错报从数量上来看是不重要的，但如果性质上是重要的，同样需要调整。由于以下几个原因，审计师在确定审计重要性时可能并没有充分考虑性质重要性问题。第一，在以往的实际实践中，审计师已经习惯于确定数量上的重要性水平，更加关注数量上的重要性。以前的研究也表明审计师习惯于使用数量的经验法则来判断数量上的重要性。第二，新准则刚刚实施，性质重要性的因素没有引起审计师足够的注意。因此，在审计调整决策过程中，在没有新准则提示的情况下，审计师更可能忽略性质上重要的错报项目。

心理学中的“刺激—反应”理论认为，人的行为是受到刺激的反应，刺激分为来自身体内部的刺激和来自体外环境的刺激，反应是随着刺激而出现的。根据这一理论，当我们把《中国注册会计师审计准则第1221号——重要性》准则的部分条款呈现给进行审计调整决策的审计师时，这些准则条款就造成了对审计师的体外刺激，这一刺激引起的反应是审计师对权威重要性指南的注意。审计研究也表明，对权威重要性指南的注意可以通过决策辅助（decision aids）来实现（Messier et al.，2005），在审计决策过程中为审计师提供准则条款，实际上就是提供了决策辅助。因此，为实施审计调整决策人员提供新准则条款后，能够引起审计师对此类错报的注意，进而增强审计师记录性质上重要的错报的意愿。

根据以上论述，我们提出如下假设H1：在进行审计调整决策时，有性质重要性准则条款提示的审计师坚持调整性质上重要的错报的意愿，明显高于没有准则条款提示的情况。

审计调整决策是审计师和客户方管理层之间互动的复杂过程。审计师期望客户方管理层全部接受审计师提出的调整项目和金额，而不进行任何审计调整则是客户方管理层期望的最佳结果。显然，任何一方的期望都很难实现，双方必须就审计师提出的需要调整的错报进行谈判，并考虑做出可能的让步。一般而言，审计师更愿意放弃不重要或审计风险比较低的错报，而对于可能导致比较高的审计风险的错报，坚持调整错报的意愿会更强。在实行以经营业绩为基础的管理层报酬制度中，影响其预定盈利目标实现的错报调整将会受到客户方管理层的关注，他们反对调整这些错报，这种关注也容易引起审计师的警觉，被认为可能存在利润操纵以实现盈利目标和获得管理层报酬的行为，从而使审计师面临较大的审计风险。出于规避风险的考虑，审计师坚持进行审计调整的意愿会得到加强。据此，我们提出如下假设H2：在进行审计调整决策时，当客户方管理层向审计师表达了对其自身报酬的关注后，审计师坚持调整错报的意愿会明显增强。

保证外部审计师独立性、提高审计质量是设立审计委员会的初衷之一，一个有效的审计委员会通常能够完善公司的内部控制，为保证审计质量提供可靠的支持。研究表明，设立审计委员会有助于提高审计师的独立性（李弢和薛祖云，2005），有效的审计委员会能够增加审计师就审计调整进行谈判时的力量（Gibbins et al., 2001），因此在存在有效的审计委员会的情况下，坚持要求客户方管理层进行审计调整的审计师的数量可能会明显上升。据此，我们提出如下假设H3：在客户方管理层表达了对自身报酬和错报的关注的情况下，如果客户方存在有效的审计委员会，审计师坚持审计调整意愿会进一步增强。

4.4 研究方法

4.4.1 实验设计

本次采用实验研究方法，采取被试间的实验设计形式，把被试分为四组，检验三个自变量“性质重要性的提示”“管理层关注”“审计委员会的有效性”对审计调整决策的影响。四个组分别是：没有性质上的重要性条款提示组（NL），在这一组的实验任务中没有列示新审计准则关于性质上的重要性条款提示；有性质上的重要性条款组（L），在这组实验任务中列示了部分相关的新审计准则性质上的重要性条款；有性质上的重要性条款且管理层关注组（LC），在这组的实验任务中不但列示了新审计准则性质上的重要性条款，而且还明确告知“客户方管理层拒绝调整，因为审计调整将使他们无法实现要获得管理层报酬应该达到的盈利目标”；有性质上的重要性条款、管理层关注且审计委员会有效组（LCE），在这组的实验任务中，不但列示了新审计准则性质上的重要性条款，告知“客户方管理层拒绝调整，因为审计调整将使他们无法实现要获得管理层报酬应该达到的盈利目标”，还明确了“客户方的审计委员会总是根据实际情况做出独立判断，不存在支持管理层意见的倾向”。因变量是审计师的审计调整决策，即审计师决定放弃所提出的审计调整还是坚持要求客户进行审计调整。根据各组中坚持要求客户进行审计调整的被试所占比例，计量各组被试坚持调整审计差异的倾向。

对比NL组和L组被试坚持调整错报的倾向，可以了解新准则条款的提示是否能够提高审计师对性质重要性因素的注意程度，进而提高调整性质重要错报的倾向。对比L组和LC组被试坚持调整错报的倾向，可以了解客户方管理层的关注是否提高了审计师对客户方管理层盈余管理的关注，进而提高调整错报的倾向。对比LC组和LCE组被试坚持调整错报的倾向，可以了解当存在有效的审计委员会的情况下，审计师坚持调整错报的意愿是否有所提高。

4.4.2 被试

本实验的被试是参加某次培训的会计师事务所的审计师。在全部94名被试中，有13人来自四大会计师事务所之一，其他81人来自3个国内会计师事务所，其职务包括合伙人、部门经理和项目经理，全体被试的平均审计工作经验为58.12个月，被试被随机分配在4个实验组中，各实验组具体分布情况如表4-1所示。

表 4-1 各组被试分布情况表

实验组	NL	L	LC	LCE
各组被试的分布	21	24	24	25

4.4.3 实验任务及过程

本研究所使用的实验任务是以Ng和Tan（2007）的研究中使用的实验任务为基础，根据我国的制度背景和准则规定改编而成，共包括三个部分。第一部分是客户的背景信息，包括主营业务、内部控制、薪酬制度、与会计师事务所的关系、本年的主要财务指标和盈利目标等。第二部分是两个独立的错报调整案例，一个是需要主观估计的存货跌价准备低估，另一个是客观的存货价格计算错误。案例涉及的审计差异调整会使客户的存货账面价值及利润总额降低30万元，这一调整金额远低于根据各项财务指标计算的数量重要性水平。但进行调整会使客户的利润总额低于盈利目标，并使以利润总额为基础的管理层薪酬受到影响，因此属于性质上重要的审计调整。第三部分是操控性检查和人口统计信息。

实验开始时，我们把相应的试验任务分别发给各组被试，要求被试在仔细阅读实验材料的基础上，针对两个案例分别做出审计调整决策，然后回答操控性检查和人口统计信息，待其完成后收回。

4.5 实验结果及分析

4.5.1 操控性检查

在实验的第三部分设计了相应问题，以检验对客户方管理层关注和审计委员会有效性的操控是否有效。我们要求LC组的被试选择“管理层对提出的审计调整的态度”。该组24名被试中，有21人正确判断了管理层态度是“不愿意进行审计调整”，通过了操控性检查；3人选择的是“愿意进行审计调整”或“不确定”，因为实验描述的是管理层表达关注时明确表示其态度是反对进行审计调整，因此，这3人没有正确判断管理层态度，被试没能完全理解实验材料，没有通过操控性检查，在进行实验结果分析时将这3人剔除。此外，要求LCE组的被试在量表（11点量表，0代表完全无效，10代表非常有效）中标出“客户方审计委员会的有效程度”。该组25名被试中，21个人对审计委员会有效程度的判断均大于或等于5（均值为7.20，标准差为1.51），通过了操控性检查；4人对所描述的审计委员会有效性的判断低于5，由于实验材料所描述的是一个有效的审计委员会，因此判断有效性低于5的被试没能完全理解实验材料，没有通过操控性检查，在进行实验结果分析时将这4人剔除。另外，为了保持与LC组的可比性，又剔除了1名没有准确判断管理层态度的被试。

4.5.2 假设检验

表4-2是被试审计调整决策的描述性统计，分别给出了两个案例中决定放弃所提出的审计调整和坚持要求客户进行审计调整的被试数量及所占比例。由于实验包含的两项错报在本研究中是重复测量的因素，因而计算了两项错报中决定放弃的被试或坚持的被试所占比例的平均值，并用它来检验假设。如表4-2所示，从坚持审计调整的比例来看，L组（58.33%）高于NL组（40.48%）；LC组（76.19%）高于L组（58.33%）；但LCE组（75.00%）与LC组（76.19%）差别不大。

表 4-2　审计调整决策的描述性统计

分组	n	审计差异调整决策	存货跌价准备低估		存货价格计算错误		平均比例
			人数	比例	人数	比例	
NL	21	放弃	14	66.67%	11	52.38%	59.52%
		坚持	7	33.33%	10	47.62%	40.48%
L	24	放弃	12	50.00%	8	33.33%	41.67%
		坚持	12	50.00%	16	66.67%	58.33%
LC	21	放弃	4	19.05%	6	28.57%	23.81%
		坚持	17	80.95%	15	71.43%	76.19%
LCE	20	放弃	8	40.00%	2	10.00%	25.00%
		坚持	12	60.00%	18	90.00%	75.00%

为了检验前面提出的三个假设，本章使用列联表对各组中坚持要求客户进行审计调整的被试比例进行了分析。如表4-3所示，组A是NL组和L组的卡方检验结果，表明L组中坚持要求客户方进行审计调整的被试所占比例显著高于NL组（Pearson卡方值=2.857，单侧精准p值=0.069）。这说明，当审计师进行审计调整决策时，明确列示的性质上的重要性准则条款，能够使审计师在进行审计决策时注意并考虑这些条款，能够提高审计师坚持要求客户进行审计调整的意愿。这一结果支持了H1。组B是L组和LC组的卡方检验结果，表明LC组中坚持要求客户方进行审计调整的被试所占比例显著高于L组（Pearson卡方值=3.214，单侧精准p值=0.058）。这说明，审计师进行审计调整决策时，当客户方管理层表达了对准备调整的错报关注后，审计师并没有因为担心失去客户而迁就客户方管理层，反而认为其盈余管理的可能性增大,进而提高审计师坚持要求客户进行审计调整的意愿。这一结果表明，当审计师与客户因错报调整发生争执时，审计师并不是一味地迁就客户，而是保持了较强的独立性。这一结果支持了H2。组C是LC组和LCE组的卡方检验结果，表明LC组中坚持要求客户进行审计调整的被试所占比例与LCE组无显著差异（Pearson卡方值=0.016，单侧精准p值=0.552）。这说明，当审计师进行审计调整决策时，即使是有效的审计委员会，也并不能够显著提高审计师坚持要求客户进行审计调整的意愿，有效的审计委员会未能起到促进审计师做出高质量审计调整决策的作用。本结论与审计委员会能有效降低公司盈余管理水平的部分实证研究结论（吴清华等，2006）不一致，为我国审计委员会作用的发挥情况提供了实验证据。这一结果没有支持H3。

表 4-3 各组实验结果的卡方检验

组 A：NL 组和 L 组坚持调整的被试比例的卡方检验				
统计量	值	自由度	双侧近似 p 值	单侧精准 p 值
Pearson 卡方	2.857[a]	1	0.091	
Fisher's Exact 检验				0.069*
组 B：L 组和 LC 组坚持调整的被试比例的卡方检验				
统计量	值	自由度	双侧近似 p 值	单侧精准 p 值
Pearson 卡方	3.214[a]	1	0.073	
Fisher's Exact 检验				0.058*
组 C：LC 组和 LCE 组坚持调整的被试比例的卡方检验				
统计量	值	自由度	双侧近似 p 值	单侧精准 p 值
Pearson 卡方	0.016[a]	1	0.900	
Fisher's Exact 检验				0.552*

a 最低期望频数大于 5

*此处实验假设有明确的方向性，因此采用单尾检验

4.5.3 进一步分析

4.5.3.1 错报重要性的评价

在进行H1的预测时，我们认为性质方面重要性的准则条款提示之所以能够提高审计师坚持调整性质重要的错报的意愿，是因为它提高了审计师对性质重要性的注意程度。当审计师注意到性质重要的因素时，就能更准确地评价其重要性进而坚持要求调整性质重要的错报。为了检验准则条款提示是否按照上述机制发挥作用，让被试在量表（11点量表，0代表不重要，10代表非常重要）中评价了错报在数量上和性质上的重要性。

NL组和L组被试评价结果的描述性统计和t检验结果如表4-4所示。检验发现，NL组和L组被试对审计差异数量上的重要性的评价没有显著差异（t=0.83，p=0.410），说明两组被试均认为实验案例涉及的审计差异调整在数量上对于客户方报表整体相对不重要。但是，L组对审计错报性质上的重要性的评价却显著高于NL组（t=−2.33，p=0.020），这说明准则条款提示确实引起了审计师对性质重要性的注意，并通过提高对审计差异性质重要性的评价结果的准确性，提高了审计师坚持记录性质重要的审计差异的倾向。

表 4-4　审计差异重要性评价的描述性统计和 t 检验

项目		NL	L	双侧 t 检验
重要性	数量（标准差）	4.10（1.40）	3.56（2.75）	t=0.83（p=0.410）
	性质（标准差）	5.60（1.73）	6.94（2.11）	t=−2.33（p=0.020）
双侧 t 检验		t=−4.00（p=0.001）	t=−5.112（p=0.000）	

4.5.3.2　被审计单位操纵利润动机和审计调整包含故意错报的可能性的评价

在进行H2的预测时，我们认为客户方管理层表达的关注之所以能够提高审计师坚持调整审计差异的意愿，是因为管理层明确告知的关注使审计师认为他们有动机进行盈余管理和利润操纵以达到盈利目标并获得相应报酬。因而，审计师坚持调整以降低审计风险。为了检验管理层对关注是否具有上述作用，让被试在量表（11点量表，0代表非常低，10代表非常高）中评价了管理层操纵利润的动机和审计调整包含故意错报的可能性。

L组和LC组被试评价结果的描述性统计和t检验（表4-5）显示，LC组对客户操纵利润的动机和审计调整存在故意错报的可能性的评价都显著高于L组（t=−2.69，p=0.01；t=−1.91，p=0.06）。这充分说明客户方管理层表达的关注使审计师认为他们进行盈余管理的可能性增加，因此为了降低审计风险，审计师坚持进行审计调整的意愿显著提高。

表 4-5　操纵利润的动机和故意错报可能性评价的描述性统计与 t 检验

项目	L	LC	双侧 t 检验
操纵利润的动机（标准差）	5.48（1.68）	6.95（1.99）	t=−2.69（p=0.01）
故意错报的可能性（标准差）	5.60（1.51）	6.62（2.04）	t=−1.91（p=0.06）

4.5.3.3　审计委员会对审计调整决策影响程度的评价

在操纵有效的客户方审计委员会这一实验处理时，我们让被试在量表（11点量表，0代表不重要，10代表非常重要）中评价客户方审计委员会的有效性对其审计调整决策的影响程度。结果显示，审计师评价的审计委员会有效性对其审计调整决策的影响均值为5.25，标准差为1.94。也就是说，虽然有效的审计委员会能够影响审计师的审计调整决策，但由于影响程度不高，因此审计师的决策没有发生显著变化。

4.6　研究结论与启示

审计师的审计调整决策对审计后的财务信息质量和审计质量都具有重要影

响。本章采用实验研究方法检验了客户情感行为对审计师审计调整决策的影响。主要结论及启示如下。

其一，在进行审计调整决策时，性质上重要的准则条款提示能够提高审计师对性质上重要的因素的注意程度，进而增强审计师坚持记录性质上重要的审计差异的意愿。其二，当审计师感知到客户方管理层有明显的盈余管理动机时，审计师并不是一味地迁就客户方，而是保持了较强的独立性，坚持进行审计调整的意愿增强。其三，当审计师做审计调整决策时，即使是有效的审计委员会，也不能增强审计师坚持要求客户方进行审计调整的意愿。

这一研究结论对于新审计准则指南的效用、客户方管理层情感行为的表达及我国审计委员会的建设都具有重要的实践意义与启示意义。首先，新审计准则提示具有决策辅助工具的作用，会计师事务所可以通过开发相应的辅助工具来提升审计师的注意程度。同时，新审计准则提示能够显著影响审计师的决策，表明目前我国审计师对新审计准则没有有效运用，会计师事务所人员需加强对新审计准则的学习，审计师也应当自主学习并掌握新审计准则要求，进而改进审计师的决策、提高审计质量。其次，客户管理层表现出的对于自身利益的关注这一情感行为往往会取得相反的效果，让审计师更加坚持进行审计调整，因此客户方管理层应当注意情感行为的表达方式，以避免更严厉的审计调整。最后，应当加强我国审计委员会的建设，让其充分发挥有效性，进而起到支持审计师提高审计质量的作用。

5 客户谈判行为与审计师的审计谈判决策

5.1 问题的引入

本书所讲的客户谈判行为具体是指在审计过程中，客户就是否进行审计调整及调整幅度大小同审计师进行沟通协商时所表现出来的一系列行为。

近年来，随着我国资本市场的不断改革和完善，会计信息质量在推进资本市场稳定与健康发展的过程中发挥着越来越重要的作用，作为会计信息质量保证者的审计人员，其审计质量问题也因此而受到广泛关注。

DeAngelo（1981）将审计质量定义为：审计质量是参与市场评估的审计师发现客户会计系统中的错报及报告该错报的联合概率。也就是说，高质量的审计不仅依赖于审计师良好的专业技能，在既定审计过程中采用恰当的审计程序和确定合理的抽样范围发现重大错报，而且需要审计师能够抵抗住来自客户的压力，独立恰当地报告错报。一般情况下，当审计师完成财务报表项目审计工作后，就需要对所发现的全部审计差异予以初步确定和汇总，并建议客户进行调整。在对审计意见做出最后决定之前，审计师通常要与客户沟通协商，即进行审计谈判。在谈判过程中，审计师会告知客户本次审计所发现的问题，并建议客户做出必要调整或说明表外信息披露的理由，而客户也会申辩其立场。审计师在审计结束时是否能够坚持恰当地报告错报，就取决于双方针对客户应当做出多少审计调整而进行的谈判。因此，审计谈判对财务报表最终的信息披露和审计意见具有重要影响，也成为影响审计质量的一个关键环节，改进审计师的审计谈判绩效对提高审计质量具有重要意义。

尽管依照法律规定及社会期望，审计师有权决定客户审计调整的金额，并有权结合客户的实际调整情况对其编制的财务报表发表审计意见，而不用理会客户是否同意他们的决定。但是，在实际的审计工作中，情况却并非如此，不考虑客户的利益需求很可能给会计师事务所造成较大的经济损失。会计师事务所是审计市场上审计服务的供应者，属于经营性的组织，从这个角度来看，它们具有和其他各类型企业相同的经济利益动机。这些使审计师处于一种独特的环境之中：一方面有责任向财务报表的使用者提供对财务报表信息合法性和公允性的合理保证；另一方面，又必须与客户维持良好的合作关系，以期获得长期持续的较高经济收益。这就促使审计师在保持良好的客户关系与履行对利益相关者和政府监管者的责任之间进行平衡。因此，双方进行审计谈判是解决审计师与客户偏好冲突的一个最佳途径。通过在审计谈判过程中充分了解双方的利益偏好，并明确陈述其中的利害关系，审计师和客户通常都能够找到一个财务报表确认和信息披露的平衡点，继而客户财务报表所反映的财务状况和经营成果既符合审计准则和各项法规要求，又最大限度地满足了客户的利益需求。同时，通过审计谈判找到的这个平衡点不会对双方的关系造成负面影响，保证了会计师事务所的经济利益不受损失。

在具体的谈判过程中，谈判人员会选择一个谈判策略并使用相应的谈判战术对对方的提议做出反应，同时表明己方的立场（Lebow，1996）。在审计领域，会计师事务所的审计师在审计过程中就双方有争议的问题与客户进行的审计谈判，是在特定审计职业背景下的一种谈判，具有明显的审计职业特征。但从本质上讲，审计谈判仍然是审计师与客户解决冲突、应对对方策略的活动。因此，审计双方选择何种谈判策略会对其审计谈判结果产生影响。许多大型的国际会计师事务所都选择将大量的高级职员送去参加谈判培训项目，说明它们已经认识到良好的谈判技能的重要性（Trotman et al.，2005）。鉴于审计谈判策略可能对审计师的审计谈判质量产生重要影响，继续探讨谈判策略与审计师谈判决策的关系对提高审计师的谈判质量具有重要意义。

5.2 文献回顾

审计谈判主要研究审计师与具有不同目标的客户就审计调整分歧进行谈判时，审计师及客户的判断与行为，属于审计学、谈判学和心理学的交叉领域。在研究审计谈判问题时，往往需要借鉴一般谈判研究领域的相关研究成果。因此，本书首先对心理学领域中的谈判研究及与让步策略相关的心理学谈判实验研究做出回顾；其次，从审计谈判与审计质量、审计谈判的总体情况和审计谈判的影响因素三个方面对审计谈判的研究成果进行梳理；最后，在归纳审计谈判策略相关研究成果的基础上，对目前审计谈判策略研究的不足进行分析并提出对应的研究问题。

5.2.1 心理学中的谈判研究回顾

5.2.1.1 心理学中谈判研究的发展

心理学领域的谈判研究主要起源于20世纪60年代。在近六十年的时间里，心理学领域的谈判研究经历了一系列重大变化并且取得了丰富的研究成果。

早期，社会心理学家从谈判者的个体差异和谈判情境的特征两方面对谈判进行了大量的实验研究。在针对谈判者的个体差异所展开的大量研究中，即便出现了大量相互矛盾的研究结论，仍然可以假定个体差异在理解谈判者如何进行冲突管理方面是十分重要的考虑因素。而在探讨一些情境特征对谈判的影响时，考虑到谈判的客观特点往往是个体谈判者无法控制的，因此这部分研究被一些学者认为理论意义和实践意义不大。

20世纪80年代开始，心理学领域的谈判研究开始向行为决定研究方向发展。这一时期，谈判的描述性研究和规范性研究之间有了更多的相互影响，并对谈判的行为决定研究产生了很大的促进作用。

20世纪90年代后期，学者开始在谈判研究中增加一些与行为决定观相一致的社会心理变量，以弥补单纯以行为决定观为基础开展谈判研究的不足。这一时期的心理学谈判研究主要关注社会关系、自我中心、积极错觉（motivated illusion）等因素对谈判的影响。同时，有一些研究者探讨了情绪在谈判中的作用。Carnevale和Isen（1986）研究发现，积极的情绪往往会提高谈判者选择合作策略的意愿，并能提高他们得到理想收益的能力。与此相应，Forgas（1998）研究发现，愤怒的情绪则使谈判者不能准确判断对手的利益需求，因此通常只能实现较低的谈判收益。

5.2.1.2 心理学中让步性的谈判策略研究

谈判策略研究一直是谈判研究中的重点。自20世纪60年代开始，谈判研究开始大量采用实验研究方法。例如，Pruitt和Carnevale（1993）研究发现，与谈判各方灵活性较差的情况相比，如果谈判各方在谈判立场、方案集、最终协议等方面较灵活，即采用妥协性谈判策略时，谈判将较快达成一致。然而，研究者也发现，谈判过程中的一个重要因素就是各方做出的让步。首先，无论哪一种谈判策略实际上都涉及谈判各方的让步，只是在让步数额的大小上存在差异。其次，某一方谈判者的让步可能使谈判各方相互做出让步及影响其他谈判者的社会心理反应，如对谈判局势的感知、对其他谈判方的判断等，更重要的是会影响谈判各方未来关系的保持（Crosby et al.，1990）。由于上述原因，与让步策略相关的实验研究在整体谈判策略研究中占据了较大比重，同时产生了丰富的有意义的研究成果。

首先，Chertkoff和Conley（1967）检验了计算机程序化的谈判对手的初始报价对谈判者的初始报价和让步数额的影响。研究发现，当谈判对手的初始报价较苛刻时，谈判者的最终报价将更有利于谈判对手。但是，谈判对手的初始报价苛刻与否，对谈判者的初始报价和让步数额没有明显影响。Liebert等（1968）则认为，当谈判者不知晓谈判对手的谈判回报分布时，谈判对手较苛刻的初始报价能够使谈判者做出更有利于谈判对手的初始报价和最终报价；而当谈判者完全知晓谈判对手的谈判回报分布时，无论谈判对手的初始报价是否苛刻，谈判者的初始报价和最终报价都不会出现显著差别。但对于谈判者在谈判过程中的让步数额，情况却恰恰相反。

其次，在研究谈判对手的让步数额对谈判者让步数额的影响时，有部分研究的结论对该问题做出了肯定回答。Osgood（1962）的研究发现当谈判对手在谈判过程中逐步做出让步时，会增加谈判者在谈判过程中做出互惠性让步的可能性，增加谈判结束时达成一致的可能性。然而，也有部分研究得出了相反的研究结论。Siegel和Fouraker（1960）在其研究中假设谈判是一种固有的冲突情境，在这种冲突情境下谈判者只要有可能就会利用谈判对手的弱点。他们的研究结果显示，当谈判对手做出较大数额的让步时，谈判者并不会做出相应的大量让步，而是利用谈判对手的让步为自身获取更高的收益。这一研究结论较好地印证了两位学者提出的“强硬即能获利”（it pays to be tough）的假设。

再次，研究显示，谈判者的谈判力是影响谈判者对谈判对手的让步如何做出反应的一个重要因素。Komorita和Brenner（1968）研究了谈判对手的强制力对谈判者的让步决策的影响。研究发现，与谈判者力量相当的情形相比，当谈判者处于弱势时，其更愿意做出让步以更好地与对手合作。Tedeschi等（1969）研究了谈判中具有不同力量对比的谈判各方对对手让步的反应。研究结果显示，与谈判力较弱的谈判者或谈判力相同的谈判者相比，谈判力较强的谈判者可通过较少地做出让步来回报对手或增强谈判中的合作氛围。

最后，在研究谈判中的时间压力与谈判者的让步数额之间的影响时，Bartos（1966）曾假设，时间压力的变化会影响谈判中的让步数额，但并未就这一假设设计实验加以验证。而Komorita和Barnes（1969）验证了上述假设，实验结果显示：①谈判者做出的让步和达成一致所需的谈判轮数与谈判者面临的达成一致谈判协议的时间压力直接相关；②谈判双方共同面临的达成一致谈判协议的时间压力能够让谈判双方做出互惠性的让步；③只有当谈判者面临着必须解决谈判议题的压力时，一个较强硬的谈判策略才能使谈判者做出更多的让步。Yukl（1974）则检验了不同的时间压力和谈判的信息环境下，谈判对手的让步对谈判者最终报价的影响。研究发现，只有当谈判的时间压力较低且谈判者完全知晓谈判对手收益信息的情况下，谈判对手的让步对谈判者的最终报价没有显著影响；而在其他三种情形下，谈判对手的让步数额越大，谈判者就越少地做出让步并获得较高收益。

5.2.2 审计谈判研究回顾

审计谈判是审计研究的重要领域之一。从21世纪初，Gibbins等（2001）对加拿大审计师的审计谈判情况进行实地调查以来，审计谈判已经成为国外审计理论和实务界都十分关注的问题。

5.2.2.1 审计谈判与审计质量

Murnighan和Bazerman（1990）在一篇回顾性的文章中指出，会计和审计中的沟通可以看作一个大型的谈判系统。文章分析了过去几年会计和审计学者的研究内容并指出了这些研究涉及谈判的各个方面。此外，文章还通过列举两篇与财务问题相关的谈判研究，进一步论证了会计和审计问题与谈判的紧密联系。此后，关注审计谈判问题的学者逐渐增多（Shapiro et al.，1996），研究的问题也逐渐由高度抽象的审计谈判模型转变为真实谈判情境中影响审计谈判的具体因素。

Antle和Nalebuff（1991）使用分析性方法研究了审计财务报表的谨慎性与审计谈判的关系。研究结果表明，审计风险与额外审计成本之间的权衡影响审计师的策略选择，且如果审计合约的目的是实现审计师和客户的共同利益最大化，审计合谋就可能发生，此时审计师不可能是谨慎的，也就不会有较高的审计质量。

Zhang（1999）使用讨价还价模型分析了当审计师与客户出现冲突时，准租对审计师独立性的影响。在考虑审计师和客户各自的动机及双方相互影响的基础上，研究发现，审计师的妥协程度是准租数量的增函数，即随着准租的增加，审计师同意客户会计立场的可能性增大。当准租为零时，审计师能够保持独立性并具有较高的审计质量；而当准租为正时，审计师就会做出妥协，独立性有所降低。

5.2.2.2 审计谈判总体情况研究

21世纪初开始，研究审计谈判的学者开始关注审计谈判的总体情况，并采用调查问卷和深度访谈等方法对审计师与客户的谈判进行了深入细致的了解。

英国学者Beattie等（2000）首次使用调查问卷的方法研究了审计师与客户方财务主管进行审计谈判的情况。结果显示，财务报表相关问题和审计费用是主要的谈判问题，而审计相关法规的执行主要通过讨论解决；审计委员会能够降低谈判水平而提高讨论水平，换言之，审计委员会能够帮助减少冲突；在大多数（57%）

案例中，谈判会导致财务报表内容的改变，进一步证实了审计师对财务报表的影响。2004年，Beattie等（2000）从其2000年的调查样本中选择了六个案例，再次对案例中涉及的审计师和客户进行了深度访谈，并使用扎根理论研究方法和技术对访谈记录进行了分析，形成了一个关于谈判过程及影响双方沟通性质与结果因素的扎根理论模型，指出了谈判各方的联系、各方采用的谈判策略和财务报告结果的质量等影响谈判过程的一般关系因素及具体会计问题因素，并根据审计师职业及个体的正直程度、技术胜任能力与其他个体特征划分了四类审计服务提供者。

加拿大审计学者Gibbins等（2001）也采用调查问卷的方法，让93位经验丰富的审计师回忆经历过的真实谈判，收集了审计师与客户谈判的案例。调查结果显示，参与调查的被访问者中，有67%的合伙人与其所属会计师事务所50%以上的客户进行过谈判,而所有的合伙人都与其所属会计师事务所某些客户进行过谈判。这些证据有力地支持了审计质量和财务报表质量之间的关系取决于针对审计调整进行的审计谈判的性质（Hatfield et al.，2010）。

Gibbins等（2001）的研究仅关注了审计谈判中的审计师一方，没有揭示作为谈判另一方的客户的首席财务官（chief financial officer，CFO）对谈判要素及背景特征的看法，因而Gibbins等（2007）在随后的研究中使用比Gibbins等（2001）内容更加丰富的调查问卷对数量相仿的客户方CFO进行调查，揭示了客户方CFO对审计谈判要素和背景特征的总体看法。分析表明，客户方CFO认为审计谈判主要由会计和审计的准则变化、新的商业交易或有影响力的人事变更等因素引起的，主要的谈判问题包括收益确认、费用资本化、报表披露范围和资产减值等。客户方CFO认为，就这些问题进行的谈判并非是与审计师的冲突，而是要与审计师共同解决这些应由他们负责的问题。此外，客户方CFO倾向于认为财务报告和谈判的目的是遵守会计计量准则或披露准则而非反映经济实质，且针对财务报告进行审计谈判是非常普遍的，81%的被调查的客户方CFO都曾经参与过此类谈判。

如果审计谈判是审计过程中的一项重要任务，且对审计后财务报表、审计质量及谈判双方的关系都具有重要影响，那么接下来需要知道的就是审计谈判双方对谈判过程和谈判结果的认知是否一致。为了解答这个问题，Gibbins等（2007）抽取上述两项研究中内容相仿的部分，通过对比审计师和客户方CFO对谈判要素和背景特征的回忆，检验了谈判双方对谈判过程看法的一致性。结果显示，会计师事务所的合伙人和客户方CFO都认为，审计谈判是说服对方接受自己偏好的会计立场或在双方初始立场之间的某一点达成一致的过程，而不是产生新的对谈判双方均有利的解决方案的过程；他们也都认为，会计准则和会计专业技能对审计谈判具有重要影响。总体来看，两组人员对谈判问题类型、谈判参与人员、谈判过程要素的回忆一致性很高，仅存在少量差异。虽然，双方都认为某些特定的背景特征对谈判有重要影响，但双方对这些背景特征的认识却并不相同。例如，与客户方CFO相比，合伙人认为以前的谈判经验对当前谈判的影响更为重要；而客户方CFO则认为自身的会计专业技能和企业经营知识更重要。这种对谈判环境认识的差异很可能导致双方对谈判情景判断的差异，并可能影响使用的谈判策略和最终的谈判结果。

尽管前面几项研究描述了审计谈判的基本面貌，也对比了参与谈判的双方对审计谈判的认识，但并没有直接比较在面对相同的谈判环境时，审计师和客户所使用的谈判策略。因而，Bame-Aldred和Kida（2007）在其研究中设计了一个具有争议的收入确认问题，以对比研究的形式分析了审计师和客户在相同的审计谈判冲突情境下的初始谈判立场和谈判策略。研究结果显示，双方在选择解决争议的方法和做出谈判决策方面存在明显的差异，客户具有多于审计师的谈判方案集，能够更灵活地运用谈判策略，并能够更准确地预测审计师的谈判目标和底线。上述调查研究形成了考虑审计谈判相关问题的现实环境，同时为研究者提供了了解影响谈判各方的经验和激励等因素的描述性证据。这些研究成果，使审计谈判的总体轮廓逐渐清晰，所收集的基本证据和构造的谈判模型为审计谈判的影响因素研究奠定了坚实基础。

5.2.2.3 审计谈判的影响因素研究

当学者通过调查问卷和深度访谈等研究方法对审计谈判的基本情况了解以后，深入分析影响审计谈判的各项因素成为普遍关注的研究课题。审计谈判的影响因素大体可以分为环境因素、任务因素、个体因素、策略和方法因素四类。

1）环境因素

（1）法律和规范因素。任何审计工作都是在有一定的法律和规范的环境下进行的，因此这些法律和规范不可避免地会影响审计谈判。会计准则、审计准则和职业道德准则等规范是审计谈判的重要基础，清晰明确的准则能够增强审计师的谈判力；相关法律法规的约束也能增强审计师的谈判力。

Ng和Tan（2003）检验了会计处理方法权威指南和审计委员会的有效性对审计师感知的审计谈判结果的影响。研究发现，当存在会计处理方法权威指南时，认为谈判结果会使客户的财务报表无法实现分析师预测的审计师的数量，显著多于不存在会计处理方法权威指南时，特别是当缺乏有效的审计委员会时，会计处理方法权威指南的可得性对审计师感知的审计谈判结果的影响更大。此外，研究还发现，审计师最初提出的审计调整数额与他们认为合理的审计调整数额基本相同，他们并不会通过虚增最初提出的审计调整数额来获得更有利的审计谈判结果。这一研究结果与一般谈判环境下得出的结论大相径庭，充分揭示了审计作为一个专业性较高的职业所具有的特殊职业道德要求。

（2）谈判双方的关系。审计谈判双方可能具有共同的利益，审计师希望得到客户的续聘及非审计服务（Simunic，1984），而客户则希望收到标准无保留审计意见并以此吸引更多投资（DeAngelo，1988），因此维持积极友好的关系成为谈判双方在谈判结果之外的又一个关注焦点。

以往的审计谈判研究中，学者大多关注某一方谈判者的特征及其影响，而没有关注谈判双方的相互影响、相互之间的关系及其对谈判过程的影响。因此，Gibbins等（2007）在其访谈研究中，通过对8组进行过真实审计谈判的审计师和客户方的CFO进行深度访谈，重点调查了审计师与客户在审计谈判中的关系。研究发现，审计师和客户的关系可以分为主动的（proactive）和被动的（reactive）两种类型，每种类型又可以进一步分为关系好和关系差两种性质。调查结果还表明，审计师和客户的关系类型取决于客户方的CFO，而关系的性质则取决于审计师。2006年，几位学者又以上述访谈研究为基础，以140位会计师事务所的合伙人为被试，采用实验研究的方法进一步检验了审计师与客户关系的性质对审计师谈判策略运用的影响。通过对审计谈判策略及相应战术的细致划分，使该项研究能够使用结构方程模型来深入分析审计师在不同情况下的策略与战术选择，也使我们能够更好地了解影响审计师谈判策略与战术选择的因素及其引起的审计结果的细微差别。结构方程模型的分析结果显示，审计师与客户关系的性质直接影响了审计师让步战术的使用，当双方具有积极友好的关系时，审计师使用让步战术的概率显著增加，并且审计师与客户关系的性质对审计师让步战术的影响作用是通过影响审计师的谈判目标而间接实现的（Gibbins et al.，2007）。

2）任务因素

在实践中，审计谈判总是围绕一定的审计任务展开的，审计任务特征的差异也会对审计谈判产生影响。

Brown-Liburd和Wright（2008）使用计算机模拟客户，以60名会计师事务所的合伙人或经理为被试，检验了在解决复杂财务报告问题时，任务风险对审计谈判过程及结果的影响。研究发现，任务风险会影响谈判经验较少的审计师的谈判：当任务风险较高时，这些审计师会更多地使用让步性的谈判策略并频繁地变动报价；而无论任务风险水平如何，谈判经验较多的审计师都会更多地使用竞争的谈判策略且不调整其报价。Hatfield等（2005）则让102名会计师事务所的合伙人或经理与计算机模拟的客户进行谈判，检验了审计师偏好的财务报表余额与客户未经审计的财务报表余额之间的差异，以及审计调整问题的谈判顺序对审计谈判过程和谈判结果的影响。研究结果显示，谈判双方偏好的财务报表余额之间的差异会影响审计师对随后发生的审计谈判的预期：当财务报表余额差异较小时，审计师的谈判目标、底线和初始报价金额均较高；而当财务报表余额差异较大时，审计师的谈判目标、底线和初始报价金额均较低。此外，财务报表余额差异又通过对初始报价金额的影响而影响审计师最终决定的审计调整金额：当财务报表余额差异较小时，审计师最终决定的审计调整金额较低；而当财务报表余额差异较大时，审计师最终决定的审计调整金额较高。同样，审计调整问题的谈判顺序对审计师的初始报价具有显著影响。

3）个体因素

（1）客户的特征。Hatfield等（2005）研究了美国萨班斯法案环境下，怎样的客户特征能够提高审计师使用互惠性的谈判策略的可能性。研究发现，客户的谈判风格为竞争性及客户保留风险较高时，审计师会较多地使用互惠性的谈判策略，以此来提高客户在重要的导致收入降低的审计调整问题上的合作程度。

Gibbins等（2007）研究发现：当审计师认为其所面对的客户初始会计立场灵活时，他们更可能使用让步性或妥协性的谈判战略；反之，则更可能使用竞争性的谈判战略。Salleh和Stewart（2012）采用深度访谈的方法研究了审计师与客户解决会计问题争议时，审计委员会所起的作用。研究结果表明，审计师与客户就有争议的会计问题进行谈判是非常普遍的现象，并且谈判通常发生在所争议的会计问题的主观性较强或缺乏会计准则的权威指导时。审计委员会仅在会计问题非常重要时才会介入，通过收集信息，提出建议并解决问题，扮演调解人的角色。Ng和Tan（2003）则检验了客户审计委员会的有效性和会计处理方法权威指南的可得性对审计师预测谈判结果的影响，研究发现，审计师相信在缺乏清晰的会计处理方法权威指南的情况下，一个强力的审计委员会更可能增强审计师的谈判立场，审计师提出的审计调整更可能得到重视。

（2）审计师的特征。从谈判中的审计师一方来看，他们的经验水平对审计谈判过程及谈判结果的影响是备受关注的因素。Brown-Liburd和Wright（2008）通过一个计算机模拟的双向谈判实验，检验了在解决复杂财务报告问题时，审计师的经验对审计师与客户谈判的过程及谈判结果的影响。研究发现，谈判经验会影响审计谈判过程：经验较多的审计师会更多地使用竞争性的谈判策略，而不改变之前提出的收入确认金额；同时，经验较多的审计师在谈判结束时同意的收入确认金额更保守，并且对这一收入确认金额在一般公认会计原则（generally accepted accounting principle，GAAP）下的可接受性更有信心。

Mccracken等（2011）通过两个实验，对比学生、审计经理和会计师事务所合伙人所选择的谈判策略，分析了当前审计谈判研究中大量使用学生或审计经理替代会计师事务所合伙人的合理性。研究显示，学生作为审计新手所使用的谈判策略与审计经理和会计师事务所合伙人等实践人员所使用的谈判策略存在显著差异。从整合性策略来看，学生使用的扩展议事日程策略类似于审计经理但不同于会计师事务所合伙人，审计经理使用的问题解决策略类似于会计师事务所合伙人但不同于学生。此外，审计经理使用妥协性的谈判策略和让步性的谈判策略的可能性显著大于会计师事务所合伙人使用这两种策略的可能性，但两者在使用竞争性的谈判策略上的差异并不显著。Trotman等（2005）采用实验研究方法检验了审计师的级别对审计师在谈判前的计划、准备与判断的影响。研究发现，会计师事务所合伙人采取的立场比审计经理更苛刻；会计师事务所合伙人估计的客户认为应当减记的金额和可以接受的减记金额都高于审计经理。此外，审计经理会使用初始减记金额较高，然后逐步降低的让步性的谈判策略，而会计师事务所合伙人却很少使用这种策略。虽然研究中几位学者检验的是审计师级别对审计谈判的影响，但通常情况下，级别较高的审计师同时拥有较丰富的审计经验，因此审计师的级别可以看作审计师经验的替代衡量指标。

4）策略和方法因素

审计谈判中一方选择的谈判策略不但会影响另一方的谈判策略选择，还会影响谈判延续的时间、双方关系和谈判结果。

Sanchez等（2007）在研究中检验了审计师互惠性的谈判策略的使用对客户的重大审计调整事项修改意愿的影响，以及他们对审计师的满意度和续聘意愿的影响。实验结果发现，当审计师使用互惠性的谈判策略时，客户更愿意对重大审计差异做出调整，同时他们对审计师的满意度和续聘意愿更高。Trotman等（2005）检验了谈判介入法对审计师与客户的谈判的影响。实验过程中，通过让审计师在正式谈判前进行谈判预演，或扮演客户参加模拟谈判，或仔细考虑客户的利益和选择来加强他们对谈判对手立场的理解。实验结果显示，使用谈判介入法来明确考虑客户的立场能够提高谈判结果的质量，增加客户注销的存货数额，同时提高审计师对谈判结果的满意度。

5.2.3 审计谈判策略研究评述

在审计谈判过程中，审计师及客户所使用的谈判策略是影响谈判双方报价、谈判结果、满意度和关系维持的一个重要因素。然而，专门探讨审计谈判策略相关问题的研究仅在近几年才开始出现（Gibbins et al.，2007），研究成果的数量有限。在这一节中，将首先对审计谈判策略的相关研究成果做出归纳，在此基础上分析目前审计谈判策略研究的不足之处，并指出未来研究的方向。

5.2.3.1 审计谈判策略相关研究文献

目前，围绕审计谈判过程中审计师及客户使用的谈判策略展开的研究主要包括以下几项，如表5-1所示。

表 5-1 审计谈判策略研究文献

文章题目	作者	来源
Resolving Disputed Financial Reporting Issues：Effects of Auditor Negotiation Experience and Engagement Risk on Negotiation Process and Outcome	Brown-Liburd 和 Johnstone	AUDITING：A Journal of Practice & Theory（2009）
The Auditor's Strategy Selection for Negotiation with Management：Flexibility of Initial Accounting Position and Nature of the Relationship	Gibbins、Mccracken 和 Salterio	Accounting Organzations and Society（2010）
The Effect of Auditors' Use of Reciprocity-Based strategy on Auditor-Client Negotiations	Sanchez、Agoglia 和 Hatfield	The Accounting Review（2007）
The Effect of Client Characteristics on the Negotiation Tactics of Auditors	Hatfield、Agoglia 和 Sanchez	Journal of Accounting Research（2005）

Hatfield等（2005）检验了客户的特征——客户的谈判风格和保留客户的风险对审计师使用以互惠为基础的谈判策略的影响，如图5-1中箭头（a）所示。Gibbins等（2010）检验了客户的特征——客户初始会计立场的灵活性，以及审计师与客户的关系性质对审计师谈判策略选择的影响，如图5-1中箭头（a）、（b）所示。Brown-Liburd和Johnstone（2009）检验了审计任务风险和审计师的特征——经验水平对审计师使用的谈判策略的影响，如图5-1中箭头（c）、（d）所示。Sanchez等（2007）检验了审计师使用以互惠为基础的谈判策略对客户的谈判决策的影响，如图5-1中箭头（e）所示。

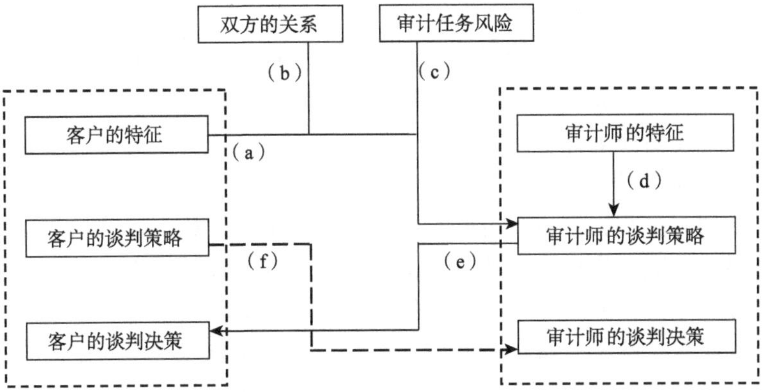

图 5-1 审计谈判策略研究

总体分析来看，Hatfield等（2005）、Gibbins等（2010）和Brown-Liburd和Johnstone（2009）均从影响审计师谈判策略选择的外界因素——客户的谈判风格、初始会计立场的灵活性、客户的保留风险、谈判双方的关系及审计任务风险的角度，探讨不同条件下审计师如何转换谈判策略。相比较而言，Gibbins等（2010）

对审计师可选择的谈判策略的考虑最为全面，包括了五种常见的谈判策略；而Hatfield等（2005）检验的谈判策略则是最少的，仅专注于互惠性的谈判策略；Brown-Liburd和Johnstone（2009）则是从让步性和竞争性的谈判策略角度对审计师的策略使用进行了检验。

Sanchez等（2007）则从审计师使用的谈判策略对客户谈判决策的影响的角度，探讨了审计师使用不同的谈判策略时，客户愿意做出的审计调整金额、满意度和续聘意愿。本书所探讨的以互惠为基础的谈判策略是一种较为笼统的让步策略，即在谈判过程中允许客户不调整非重要的审计差异。

5.2.3.2　审计谈判策略研究的不足与未来的研究方向

通过对上述几项审计谈判策略研究成果的归纳、分析和比较可以发现，目前围绕审计谈判策略展开的研究大致分为两部分：一部分主要探讨谈判双方的关系、审计任务的风险、客户的特征（客户的谈判风格、初始会计立场的灵活性、客户的保留风险）和审计师的特征（审计师的经验水平）对审计师使用的谈判策略的影响，如图5-1中箭头（a）、（b）、（c）、（d）所示；另一部分的研究焦点则是谈判过程中，审计师使用的以互惠为基础的谈判策略对客户谈判决策的影响，如图5-1中箭头（e）所示。从这两部分的研究成果来看还不完善，许多未得到检验的影响因素仍有待于研究人员继续深入探索，如审计问题的复杂性、审计任期、法规、法律风险、资本市场期望、公司治理等环境因素和谈判专长、谈判力等个体特征因素对审计师谈判策略选择的影响，以及审计师使用的除让步以外的其他谈判策略对客户的谈判决策的影响。

除此之外，客户使用的谈判策略对审计师谈判决策的影响研究仍然是空白的，如图5-1中箭头（f）所示，而探索这两者之间的关系对完善审计谈判研究和提高审计师的谈判质量有着十分重要的意义：一方面，在审计谈判过程中，谈判各方都会使用应对对方的谈判策略，直至最终得到谈判结果，为了更清晰地了解这种复杂的互动博弈过程，谈判各方的策略与谈判决策之间相互影响的关系都应当得到关注；另一方面，审计师的谈判决策直接关系到其审计谈判质量的高低，了解客户是否能够利用谈判策略影响及如何影响审计师的判断，有利于继续寻找提高审计师谈判质量的途径。进一步而言，谈判双方在谈判过程中所做出的让步是谈判的重要影响因素之一。让步不仅可以影响谈判者的社会心理反应（Esser and Komorita，1975），还会影响谈判双方未来关系的保持（Crosby et al.，1990）。从审计的视角来看，审计师期待客户做出让步，而客户也确实会做出让步（Gibbins et al.，2007）。但是，当客户做出让步时，审计师如何应对客户的让步策略、审计师的谈判决策会发生怎样的变化及这些方面存在的差异是否会影响审计谈判的质量乃至审计质量，仍然是值得探讨的问题。

5.3 理论分析与研究假设

审计谈判作为审计专业领域的谈判活动，既与其他审计职业判断一样具有其独特的个性，同时具有一般谈判活动的共性。因此，审计谈判研究通常是以一般谈判①研究的基本概念和相关理论为基础，通过结合审计领域的独特环境特征，形成具有审计职业特性的审计谈判基本理论及模型。在本节第一部分将首先介绍一般谈判的一些基本内容，包括谈判的含义及相关重要概念、谈判的类型、谈判策略及其类型；第二部分将介绍审计谈判模型和审计谈判的特性；第三部分在分析我国目前的审计准则规定、审计市场竞争状况和政府监管环境的基础上，说明审计谈判在审计过程中发生的时间，并探讨审计谈判可能对审计质量产生的影响。

5.3.1 谈判的含义及谈判策略

谈判是一种普遍的人类行为，它与人类文明的发展一样，拥有悠久的历史。自从人类有了社会交往活动以来，谈判就是人类解决交往过程中产生的争端和矛盾的一种重要方式。人类进入现代社会后，随着社会、经济、科学、文化的不断发展，谈判作为一种文明的、灵活的、富有成效的解决争端和处理纠纷的方式，被广泛地运用于个人之间、机构之间、企业之间、国家之间的各种社会活动之中。不同主体之间相互往来、协调关系，都会借助谈判来解决争端、处理纠纷，在说服对方的同时维护己方的原则立场和利益要求。而谈判理论是关于谈判的基本常识、一般规律、策略和技巧的反映及总结，确切理解它们，有助于谈判者充分利用谈判工具，达成预期的目标。

5.3.1.1 谈判的含义及相关重要概念

1）谈判的定义及内涵

在人类交往中，谈判无处不在，每个人都可能有意无意地参与谈判活动，谈判的普遍性使这一概念具有了极为宽泛的外延。广义的谈判作为一种普遍的社会现象，大量存在于各种社会机构和人与人的交往之中。人人都离不开谈判，任何人都会谈判。只要是人类为了满足某种需要而进行的社会交往活动，就是谈判。英国著名哲学家培根在其《培根论人生》一文中写道：“一切谈判的根本问题，无非是观察对手、利用对手。”整个世界就如同一张硕大的谈判桌，人人都在接触着谈判，并运用谈判技巧去达成自己的目标。正是由于谈判这种宽泛的外延和丰富的内涵，

① 本书所称一般谈判，指常见的普通商务型谈判，与审计谈判相区别。

学者很难对其下确切的定义。因而，在谈判理论的研究过程中，就曾出现过比较多的有关谈判定义的表述。下文是谈判理论研究中几个比较权威的谈判定义。

Nierenberg（1968）在其著作《谈判的艺术——讨价还价的心理策略》（*The Art of Negotiation：Psychological Strategies for Gaining Advantageous Bargains*）中说："谈判的定义最为简单，而涉及的范围却最为广泛，每一个要求满足的愿望和每一项寻求满足的需要，至少都是诱发人们展开谈判的潜在原因。"他认为，对人的行为的认识是谈判的基本因素，而需要和对需要的满足是谈判的共同基础。并因此将谈判定义为：只要人们为了改变相互关系而交换观点，只要人们为了达成一致而磋商沟通，他们就是在进行谈判。

英国学者Marsh（2001）则认为：所谓谈判是指有关各方为了自身的目的，在一项涉及各方利益的事务中进行磋商，并通过调整各自提出的条件，最终达成一个各方较为满意的协议的不断协调的过程。Marsh在定义中强调的是谈判中"调整各自提出的条件"的重要性，调整的结果是做出某种程度的折中，因而其定义描述了谈判的基本过程。

Pruitt（1981）将谈判定义为：谈判是两方或多方共同做出决策的过程，在这一过程中谈判各方首先声明各自相互对立的需求，然后通过做出让步或寻找新的解决方案，达成一致协议。Pruitt的定义将谈判各方的行为和谈判过程结合在了一起，并且按照这一定义，谈判不仅是相互妥协让步的分配式过程，而且是产生新的解决方案的整合式过程，这也为此后谈判类型的研究奠定了基础。

无论学者从怎样的角度给出谈判定义，大多数学者对谈判这一社会交往活动的基本内涵的认识却大体相同，具体包括如下五个方面。

（1）谈判双方在观点、利益和行为方式等方面既相互联系又存在冲突是谈判发生的前提条件。只有当谈判的参与者之间存在一定的利益关系，才会促使其相互联系；只有各方在观点、利益和行为方式等方面出现不一致时，才需要利用谈判加以解决。可见，谈判各方只有在利益上有了联系和分歧，才能使谈判成为必要和可能。

（2）谈判各方都希望借助磋商来解决存在的利益上的分歧。谈判的参与者之间虽然存在利益上的分歧，但这种分歧用其他方式无法得到圆满解决，从而促使谈判各方自愿通过磋商来解决，以满足自身的利益要求。这种双方都希望以磋商来解决利益上的分歧的意愿使谈判从可能性变为现实性。

（3）只有在物质力量、人格、地位等方面都呈现相对独立或对等的双方，才能构成谈判关系。如果某些存在利益联系和分歧的主体之间力量及地位是不对等的，那么强势的一方可能就不会把弱势的一方看作谈判对手，并且可能采取另外的方式来解决问题。在这种情况下，双方是不可能存在谈判的。

（4）谈判的参与者需要协调各方的利益关系才能达到目标。谈判各方要实现自己的利益要求，必须不断调整利益关系，即做出一定程度的妥协或制订新的解决方案。否则，双方的利益要求都不能被满足。因此，不断调整各自的利益要求是实现谈判目标的必然途径。

（5）谈判各方参与谈判的最终目标是达成观点一致的协议，使各方利益要求均得到较好的满足。

2）谈判的相关重要概念

（1）谈判者的目标（goal，aspiration）。谈判者的目标是谈判者在谈判结束时希望得到的具体结果（Schneider，2004），这种具体结果既可以是货币价值形式的，也可以是非货币价值形式的，如获得平等的对待、维持长久的合作关系等。谈判者的目标是谈判的核心所在，谈判中最重要的磋商和沟通都是以谈判目标为依据的。实验研究表明，较高的谈判目标作为一种激励，能够使谈判者获得较高的收益（Brett et al.，1996）。这也符合目标设定理论，即设定有一定难度的目标能够提高绩效（Locke and Latham，1990）。Zetik和Stuhlmacher（2002）对22个研究进行了元分析，结果表明持有最优（指具体而有挑战性）目标的谈判者能够比持有次优目标或无目标的谈判者获得更多的收益。此外，谈判者的目标还会影响其策略选择，根据自身利益和双方关系而设定的不同目标会导致谈判者选择合作、竞争、妥协及回避等不同的谈判策略（Lewicki et al.，2003）。

（2）谈判者的底线（limit）或谈判协议的最佳替代方案（best alternative to a negotiation agreement，BATNA）。谈判者的底线就是谈判者决定终止当前谈判的点（Raiffa，1982）。谈判者之所以选择进行谈判，目的是要得到比不谈判更好的结果。谈判者判断当前谈判达成的协议对自身是否有利的根本标准是当前协议是否优于谈判者的底线。当超出这一点的任何解决方案都无法被谈判者接受时，谈判者应该停止谈判而不再继续。以一般谈判为例，谈判者的底线就是当前谈判中买方所能承受的最高价格或卖方所能承受的最低价格。谈判协议的最佳替代方案是谈判者可以达成的，也能满足其需求的其他交易。而谈判协议的最佳替代方案（Fisher and Ury，1981）通常会成为谈判者的底线，当谈判者预计当前谈判所获得的收益可能低于谈判协议的最佳替代方案时，就会选择退出当前谈判。例如，当某人去购买A房地产商的房子时，如果事先已经获得B房地产商清楚而明确的报价，那么在B房地产商那里买房子就是一个最佳替代方案，同样也是其底线。因而，在谈判研究中，谈判者的底线和谈判协议的最佳替代方案通常是同一个意思。

谈判双方的底线或谈判协议的最佳替代方案之间的差距是衡量各自谈判力的一个重要指标（Rubin and Brown，1975）。谈判协议的最佳替代方案越好，谈判者的谈判力就越强，并因此对其收益产生重要影响（Shapiro et al.，1996）。研究者在实验中发现，与没有谈判协议的最佳替代方案和谈判协议的最佳替代方案较低的谈判者相比，拥有较高谈判协议的最佳替代方案的谈判者能够获得较高的个体收益（Brett et al.，1996）。

（3）谈判者的方案集（solution set）和议价区间（bargaining range）。谈判者的方案集代表了谈判者能够接受的谈判结果的范围（Bame-Aldred and Kida，2007），也就是谈判者的目标和底线之间的区域，如图5-2所示。通常情况下，谈判者的方案集的大小代表了该谈判者的灵活程度。较大的谈判方案集意味着该谈判者在谈判过程中能够接受的谈判结果范围较广，因而给谈判者带来较大的灵活性；反之，较小的谈判方案集表明谈判者可接受的选择较少，因而其灵活性也较小（Bame-Alfred and Kida，2007）。

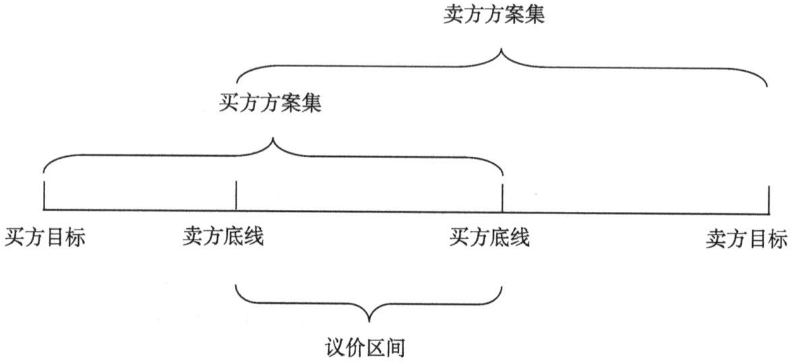

图 5-2　谈判者的目标、底线、方案集和议价区间的关系

资料来源：Lewicki 等（2003）

谈判双方的方案集的重合部分就是谈判的议价区间，如图5-2所示，也就是买方底线和卖方底线之间的部分。只有在谈判双方的方案集之内存在议价区间，双方才能够在议价区间包含的可行性选择中进行谈判并达成最终协议（Thomas，1992）。因而，是否存在议价区间及议价区间的大小也成为影响谈判过程与结果的重要因素。研究表明，当谈判双方不存在议价区间或议价区间较小时，谈判者倾向于使用竞争性的谈判策略，并且谈判过程常常充满敌意（Gibbins et al.，2007）。

5.3.1.2　谈判的类型

谈判研究中通常将谈判分为整合式谈判（integrative negotiation）和分配式谈判（distributive negotiation）两类。

整合式谈判指的是，当参与谈判的双方或多方有着冲突较少的目标且这些目标可以被整合时，谈判各方为实现各自目标而进行的复杂的沟通协商过程（Vinacke et al.，1965）。整合式谈判的基本假定是存在着多个谈判事项，并且其中有些事项对谈判各方的重要性不同，谈判者可以通过这些事项的交换（trade-off）来创造出更多的价值，从而达到双赢的谈判目的。在整合式谈判过程中，某一方的获得并不意味着其他方的失去，而是同时允许参与谈判双方或多方实现其目标

（Vinacke et al.，1965）。整合式谈判旨在增加谈判参与的各方的共同利益，谈判各方可以通过整合式谈判协商并分享非固定数量的资源，而非分配固定数量的资源（Lewicki et al.，1985），如图5-3所示。

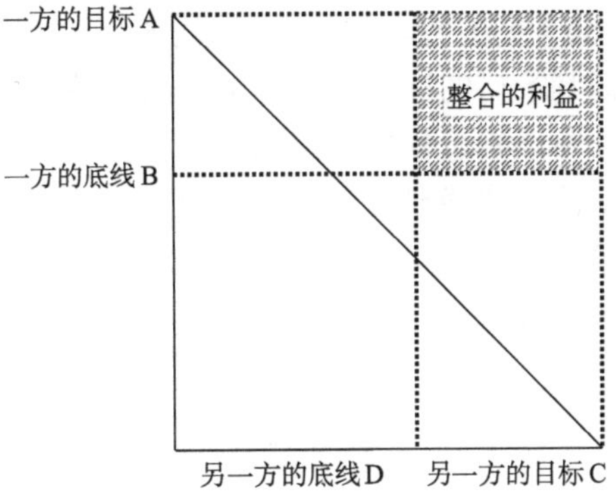

图 5-3 整合式谈判

资料来源：Bazerman 和 Moore（1998）

分配式谈判指的是，当参与谈判的双方或多方有相互冲突的目标时，谈判各方为实现各自目标而进行的复杂的沟通协商过程（Vinacke et al.，1965）。分配式谈判的最大特征在于，谈判各方处于一种“零和博弈”的情境之下，因此是一种单赢（win-lose）的问题解决方式。在分配式谈判过程中，某一方的获得就意味着其他方的失去，谈判各方只能分配固定数量的资源，如图5-4所示。

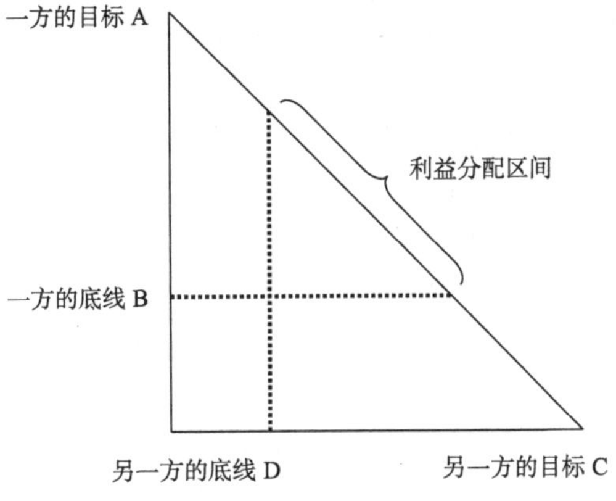

图 5-4 分配式谈判

资料来源：Thomas（1992）

5.3.1.3 谈判策略及类型

1）谈判策略的定义及类型

谈判策略是明确谈判者的一系列谈判目标及其实现途径的一个总体行动计划

（Pruitt and Carnevale，1993）。在谈判过程中，谈判各方都会根据各自在谈判前的决策选择谈判策略（Lebow，1996），并选择或制定与所选谈判策略相统一的谈判战术（negotiation tactics）（Pruitt and Carnevale，1993）。

Pruitt和Rubin（1986）提出的双重关注模型描述了人们在谈判中的基本定位，该模型假定谈判者的谈判策略的选择取决于他们对自身谈判结果及对双方关系的重视程度。也就是说，在谈判过程中，谈判者会根据对自身谈判结果和对双方关系的重视程度，在以下五种谈判策略中做出选择：回避（avoidance）、合作（collaboration）、竞争（competition or contending）、让步（accommodation or concessionary）和妥协（compromise），如图5-5所示。

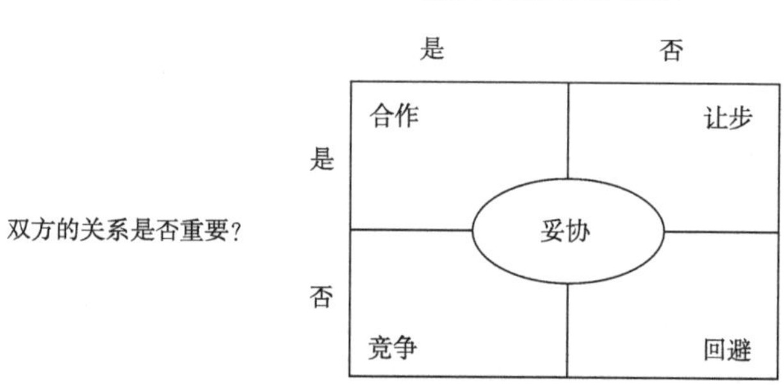

图 5-5 双重关注模型
资料来源：Lewicki 等（2003）

（1）回避策略。回避策略指的是谈判者选择不通过参与谈判来解决问题（Pruitt and Rubin，1986）。当谈判者对自身谈判结果和双方的关系都不重视时，他们往往会选择回避的谈判策略。因而，回避策略通常意味着撤退和被动，采用这一谈判策略的谈判者倾向于退却、沉默或不采取任何行动。在一般谈判的情境下，谈判者有很多理由来选择不进行谈判，如谈判协议的最佳替代方案同样能够满足其利益需求，或谈判者认为不值得花费时间和精力进行谈判。

（2）合作策略。合作策略指的是谈判双方在谈判过程中都积极采取各种方法，以实现双方共同利益最大化的谈判策略（Lewicki et al.，2003）。当谈判者既重视自身的谈判结果，又重视谈判双方的关系时，他们往往会选择合作的谈判策略。在使用合作策略进行谈判的过程中，谈判者试图形成能够同时满足谈判双方利益需求的问题解决方案，而不是仅限于满足自身的利益需求。为了实现谈判各方的目标，采用合作策略的谈判者会积极地交换各自的信息，如各自的利益需求、谈判目标和底线等；同时，努力寻找新的资源、创造新的解决方案或就某些事项进行互换（Pruitt and Rubin，1986；Pruitt and Carnevale，1993）。

（3）竞争策略。竞争策略指的是谈判者在谈判过程中迫使对手让步或抵制对手为竞争所做出的努力的谈判策略（Pruitt and Carnevale，1993）。当谈判者只重视自身的谈判结果而不重视谈判双方的关系时，他们倾向于选择竞争性的谈判策略。使用竞争策略的谈判者，在谈判中的行为目标是通过谈判为自己获取尽可能多的利益。为了实现这一目标，谈判者可能会声明，当自身目标无法实现时要惩罚对方，而实现自身目标时则会给予对方奖励（Hilty and Carnevale，1993），或采用极具说服性的理由使对方放弃对自身利益目标的追求。

（4）让步策略。让步策略指的是谈判者在谈判过程中改变自身的立场，从而使对手获得较多的利益而自己获得较少的利益（Pruitt and Carnevale，1993）。当谈判者只重视双方的关系而不重视自身的谈判结果时，他们倾向于选择让步性的谈判策略。让步策略的概念与竞争策略的概念相反，因此使用让步策略的谈判者在谈判中的行为目标是降低自己的利益需求以保全对手的利益，并协助他方达成目标。尽管让步策略看来似乎并没有实际用途，因为谈判的参与者通常都以实现己方利益为谈判的最终目的，但是研究发现，让步的时间、让步的数额、让步之前的抵抗等都会影响谈判的结果（Komorita and Esser，1975）。

（5）妥协策略。妥协策略是介于竞争策略和让步策略之间的谈判策略，指的是谈判参与者共同找到一个中间立场，且放弃各自的立场而在中间立场达成一致的谈判结果。大多数研究谈判的学者都认为妥协策略是一种有效的谈判策略。但必须注意的是，这个共同接受的解决方案不会被任何一方认为是赢得谈判，而可能被各方均视为输了谈判。也就是说，当采用妥协策略时，谈判的目标虽然实现了，但谈判各方却没有真正达到满意（Gibbins et al.，2007）。

2）谈判策略类型与谈判类型的关系

与其他四种类型的谈判策略不同的是，采用回避策略的谈判者实际上并没有参与谈判，因此这种谈判策略类型与谈判类型没有实质性的联系。

合作策略的使用能够让谈判者既实现自身的利益又兼顾双方的关系。通过积极交换双方的信息、努力寻找新的资源、形成新的解决方案或就某些事项进行互换等方式，实现“双赢”的谈判结果。因而，当谈判者有意进行一场整合式谈判时，就应当选用合作策略。在具体使用合作策略时又有两种谈判战术可以选择，即解决问题的谈判战术和扩展议事日程的谈判战术。解决问题的谈判战术更倾向于了解谈判各方的利益需求，从而寻找新的解决方案；而扩展议事日程的谈判战术则更倾向于在谈判中增加新的事项，使谈判双方能够就某些事项做出交换（Neale and Bazerman，1991），从而改变谈判事项和利益的优先权（Lax and Sebenius，1986），为谈判双方创造双赢的可能性。

竞争策略、让步策略和妥协策略的使用，通常会涉及某一方或谈判者各方的让步，并由此而导致参与谈判的一方或各方都输掉谈判，所以这三种谈判策略往往与分配式谈判相对应。而实际上，无论是在实验研究中（Pinkley et al.，1995）

还是在实际谈判中（Babcock et al.，1995），这三种会导致谈判双方或多方有赢有输的分配式谈判结果的谈判策略都是最常见的。在审计谈判领域，Gibbins等（2001）调查发现，有85%的会计师事务所合伙人参与的谈判都是仅有一个利益分配区间且只能得到分配式的谈判结果，与上述研究结果一致。

5.3.2 审计谈判模型与审计谈判的特性

5.3.2.1 审计谈判模型

Gibbins等（2001）以与谈判行为相关的文献中检验的谈判要素为基础，结合会计和审计专业相关文献中指出的谈判要素及会计从业人员问卷调查得到的会计环境要素，形成了审计师与客户进行审计谈判的模型，如图5-6所示。他们的研究中，以加拿大会计师事务所的高级职员为调查对象，深入了解和研究了审计谈判的开展过程及影响审计谈判的重要因素。Gibbins等（2001）所构建的审计谈判模型奠定了审计谈判研究的基础，对促进审计谈判研究尤其是审计谈判实验研究的发展发挥了重要作用。

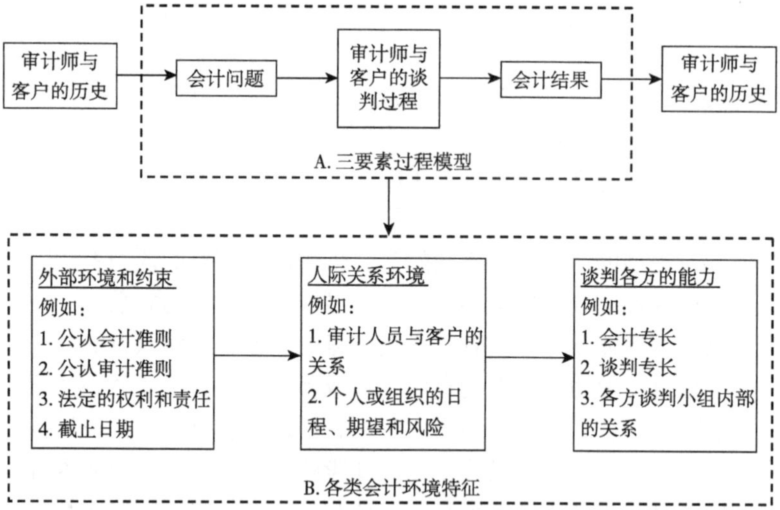

图 5-6 审计谈判模型

资料来源：Gibbins 等（2001）

根据审计谈判模型，审计师与客户的审计谈判都会从某个会计问题开始，然后在具体谈判环境中经过若干个谈判阶段，最终得到谈判结果。谈判双方在以往的谈判中可能已了解到对方的个性、常用的谈判技巧和谈判风格，并且以前的谈判过程是否愉快、谈判结果是否能够使谈判参与者实现自身目标又会影响谈判者对对手的看法，因此审计师与该客户在此之前所进行的审计谈判都会对当前的谈判产生重要影响。而当前的每一次谈判成为历史之后，也会对下一次谈判产生影响。从整体上看，模型大致包括三个组成部分，分别是三要素过程模型、各类会计环境特征和三要素过程模型与各类会计环境特征之间的关系。

1）三要素过程模型

三要素过程模型对审计谈判的总体情况进行了概括，这部分模型所描述的审计谈判过程是审计谈判的核心。其中包括的三要素分别是：会计问题、审计师与客户的谈判过程和会计结果。

（1）会计问题。任何谈判过程都是从谈判问题开始的。在审计谈判中，谈判的核心问题通常是与客户财务报表的计量或披露相关的问题。通常情况下，审计谈判的问题来自审计师在审计客户财务报表的过程中发现的审计差异，即当审计师根据会计准则的规定认定的报表金额与客户编制的财务报表金额不一致时，该报表项目的金额应当如何确认或披露的问题。由于审计师和客户对财务报表项目计量和披露存在不同的偏好，在审计谈判开始之前，审计师和客户对所发现的审计差异如何处理必然存在争议，因此需要通过谈判来解决。当会计准则发生变化或准则本身的规定不够清晰时，此类会计问题会出现得比较频繁，而审计师与客户之间针对此类问题应当如何处理所产生的冲突也更强烈。

一般谈判的研究认为，在谈判计划阶段对谈判问题如何取景（framing）是影响谈判的一个重要因素（Babcock et al.，1995）。这是因为，两个或更多的人在涉及同样的情景或复杂问题的时候，往往可能以不同的方式来看待或定义它们（Thompson，1998）。因此，当谈判双方在谈判中沟通各自的选择及优先权时，对问题如何取景决定了谈判者会有怎样的谈判目标和底线，而谈判双方或各方的取景是否能够统一或共享则决定了谈判可能得到的结果。

（2）审计师与客户的谈判过程。谈判是一项需要计划的策略型的活动，涉及谈判各方的知识、感知、偏好和信念，并且谈判需要花费时间（Thompson and Hastie，1990），谈判者通常是自利且理性的（Raiffa，1982）。谈判过程能够反映谈判各方在谈判中所使用的具体谈判策略，同时涵盖了谈判各方在谈判中所交换的信息。在审计谈判过程中，参与谈判的审计师和客户首先会根据各方对谈判涉及的会计问题的取景，确定各自的谈判目标、底线和初始会计立场。而各方的谈判目标、底线和初始会计立场又会影响自身的谈判策略选择和对方的谈判策略选择，即影响谈判者自身及对方首次提出的审计调整金额与随后的让步。同时，审计师和客户需要在谈判过程中生成并交换谈判中涉及的会计问题、各方偏好的会计方法、各方的利益、可能产生的会计结果及其后果相关的信息。这些信息的交流反过来又会对审计师和客户自身及对方的抱负水平与目标、底线和谈判策略的选择产生影响。

在一般谈判中，谈判各方有意隐瞒能够使对方准确判断己方目标和底线的信息，这是谈判者惯常采用的有利于实现自身谈判目标的手段。但是在审计职业环境中，由于审计谈判受到审计准则和相关规定的约束，审计师和客户在谈判的过程中需要遵照审计准则规定，充分、及时地交流与审计谈判相关的信息，这就使审计谈判与一般谈判相比，有着更加透明和对称的谈判信息环境，因而也使审计师和客户有可能根据谈判中及时交流的信息，恰当地调整各自的谈判报价和谈判策略。

此外，针对某一会计问题展开的谈判过程有可能持续一段时间，期间审计师和客户必然会进行某种形式的沟通，如组织面对面的会议或通过电话和其他媒介交流等。

（3）会计结果。会计结果也就是审计谈判结果。审计谈判可能会产生各种各样的结果，可能是任何一方最初偏好的财务报告结果，也可能是双方均让步后达成一致的结果或找到新的问题解决方案的结果，还可能是谈判破裂的结果。在与一般谈判相关的文献中，将谈判结果划分为整合式谈判结果和分配式谈判结果这两种主要类别，分别对应于整合式谈判和分配式谈判。整合式谈判结果指的是谈判双方采用共同形成的整合式解决方案，从而使各方的利益都得到提高；而分配式谈判结果则是指谈判双方共同分割固定数量的资源，而使谈判一方或谈判各方均失去其立场（Bazerman and Moore，1998）。

审计谈判的结果同样可能有很多种，首先是客户的财务报表可能记录和披露大小不同的报表项目金额，其次客户也可能选择几种不同类型的审计意见，最后客户也有可能被继续聘用或解聘。当然，审计谈判的结果也可以像一般谈判那样按照整合式或分配式划分。但是，选择标准无保留审计意见以外的任何一种意见类型或解聘会计师事务所，对审计师和客户来讲成本都是高昂的。因此，审计谈判最合乎逻辑的结果就是审计师与客户达成一致协议，仅在使客户的财务报表记录和披露不同的金额上做出选择。

2）各类会计环境特征

各类会计环境特征是审计谈判模型的另一个重要组成部分。Gibbins等（2001）在这一部分深入地分析了与三要素过程模型相关的各类会计环境特征，进一步丰富了三要素过程模型的实践意义。审计谈判作为特定审计职业背景下的一种专业领域的谈判活动，既具有一般谈判活动的共性，同时与其他审计职业判断一样带有明显的审计职业特征。因此，审计师与客户的谈判活动更加依赖于具体的会计环境，各类会计环境特征都会对审计谈判活动及其研究产生重要影响。审计谈判模型将这些环境特征大致分为三类。

（1）外部环境和约束。审计谈判的外部环境主要由公认会计准则、公认审计准则、审计师的法定权利和责任、截止日期构成。其中，公认会计准则和公认审计准则由准则制定者和政府监管部门制定，审计师的法定权利由立法机构制定的法律条文决定。这些外部法律、法规和规范不但会约束审计师和客户的谈判环境、过程及结果，还会影响另外两类特征——人际关系环境和谈判各方的能力。因而，外部环境和约束是审计谈判最主要的环境特征，同时是探讨环境特征对审计谈判的影响的起始点。此外，由于这些外部约束来自不同的利益群体，审计师和客户在谈判过程中肩负着对投资者、债权人和税务机关等的责任（Koonce et al., 1995）。

审计谈判问题通常在审计准则规定不清晰时出现，公认会计准则及公认审计准则的具体规定决定着谈判双方对问题解决方案的偏好。通常，当准则规定存在会计处理方法的选择区间时，审计师会本着谨慎原则确定其估计金额，而客户则会从有利于自身或企业利益的角度做出选择，两者选择的金额之间的差距就会形成审计谈判问题。

此外，公认会计准则对报表项目计量和披露规定的是否详细、清晰，以及公认审计准则与其他法律规范对审计师赋予的法定权利是否足够，都会影响审计师在谈判中所具有的谈判力，进而影响谈判双方的力量对比、策略选择、信息交流与最终的审计谈判结果。当准则规定越明确或审计师越具有充足的法定权利时，审计师在审计谈判中的谈判力就越强，他们在谈判中越能处于优势地位。这时，审计师通常会利用这种强势力量选择竞争性更强的谈判策略，并减少谈判双方交流的信息量，争取在较短的时间内迫使客户做出审计调整。在这种情况下完成的谈判，其结果往往更加符合审计师的利益要求。而当准则的规定不够明确或审计师的法定权利不够充分时，审计师往往很难反对客户的财务报表计量和披露方式。当审计师在谈判中处于弱势地位时，他们倾向选择让步策略，花费更多的时间，加强与客户的沟通，并试图说服客户按照其要求进行审计调整。但在这种情况下完成的谈判，其结果往往更符合客户的利益要求。

（2）人际关系环境。谈判中最主要的人际关系环境影响来自双方组织中的关键人物所起的作用，以及他们对如何发展和管理各种关系的愿望。在一般谈判的相关文献中，有大量探讨谈判双方的人际关系对谈判的影响的研究成果（Moore et al.，1999）。

然而，在审计谈判中，客户经审计的财务报表和审计师出具的审计报告是双方共同合作的产物（Antle and Nalebuff，1991），且双方很可能需要共担法律诉讼的风险（Palmrose，1991），这就使审计师和客户在审计谈判中的人际关系有别于一般谈判相关的文献中描述的谈判各方之间的关系。根据现有的研究成果，审计谈判双方的共同利益很可能体现在审计师希望得到客户的继续聘用和其他非审计服务（Simunic，1984），而客户则希望将审计成本降到最低并利用财务报表和审计报告来吸引投资和其他资源（DeAngelo，1988）。双方的利益偏好意味着，不但客户希望获得，审计师也愿意出具标准无保留审计意见的审计报告。因为在目前的会计法规环境下，其他任何一种谈判结果都可能为有关各方带来严重后果。

因此，在审计谈判中，谈判双方维持良好合作关系的意愿更强烈，采取各种方法避免谈判破裂并促使谈判达成符合双方要求的谈判协议的意愿也更强烈，这些都可能对审计谈判策略和谈判结果产生重要影响。

（3）谈判各方的能力。一般谈判研究表明，参与谈判各方的能力，包括其谈判经验都会对谈判过程和谈判结果产生影响（Thompson and Hastie，1990）。而在审计谈判中，有一些独特的会计因素可能对谈判双方的能力产生影响。

审计实践中，客户对企业自身财务记录和经济事项的了解可能要多于审计师（Zimbleman and Waller，1999）。一方面，因为审计师对客户的了解程度及审计证据的收集会受到审计费用约束、审计成本与客户会计记录规模的限制；另一方面，审计师即便是某一方面的行业专家，其掌握的行业知识也会与客户有所差别（Solomon et al.，1999）。但从审计师的角度来讲，会计师事务所及其核心顾问机构在会计方法和会计准则方面有更多的知识，并且能够比较大量的审计客户的会计处理实践（Salterio，1996）。此外，审计程序增强了审计师证明其谈判立场合理性的能力（Koonce et al.，1995）。

在会计师事务所和客户内部，都会有多人参与处理会计信息并参加与之相关的审计谈判（Gibbins et al.，1990）。以往的研究表明，谈判小组对责任和压力的反应与单个谈判人员不同（O'Connor，1997）。因此，多人组成的谈判小组意味着多种不同的行业专长、知识和技能，以及对谈判双方利益均衡的不同感知，这些都会影响审计谈判的过程和结果。

3）三要素过程模型与各类会计环境特征之间的关系

审计谈判模型的最后一个组成部分就是三要素过程模型与各类会计环境特征之间的关系。除了在描述各类会计环境特征过程中已经阐明的环境特征对谈判三要素的影响而外，谈判的三要素也会对谈判环境产生影响。最显而易见的是，当明确了需要处理的谈判问题时，谈判双方会根据具体问题选择恰当的谈判人员，进而影响谈判各方的专业能力和谈判经验，而谈判的过程及结果也可能影响谈判双方的人际关系。此外，由于审计谈判的结果关乎审计质量，进而影响财务报表的质量及资本市场各相关者的切身利益。因此，对审计谈判过程及结果的不满可能促使各方面的准则制定和政府监管部门修订法律法规，以更好地保障利益相关者的权益。

5.3.2.2 审计谈判的特性

审计谈判是会计师事务所的审计师在审计过程中就双方有争议的问题与客户进行的谈判，属于审计判断研究的重要领域之一。审计谈判主要研究审计师与具有不同目标的客户就审计调整分歧进行谈判时，审计师及客户的判断与行为，因而也属于审计学和谈判学、行为科学的交叉领域。作为特定审计职业背景下的一种专业领域的谈判活动，审计谈判既具有一般谈判活动的共性，同时与其他审计职业判断一样带有明显的审计职业特征。因此，有必要明确审计谈判的特性，为研究审计谈判的相关问题奠定基础。审计谈判的特性主要表现在以下几个方面。

1）没有谈判协议的最佳替代方案

最佳替代方案指的是谈判者在当前谈判中的谈判协议的最佳替代方案（Fisher and Ury，1981）。例如，当某人去购买A房地产商的房子时，如果事先已经获得B房地产商清楚且明确的报价，那么在B房地产商那里买房子就是一个最佳替代方案。为了便于理解，也可以将谈判协议的最佳替代方案称为底线，也就是谈判者决定退出谈判的点，它对谈判结果会产生重要影响（Fisher and Ury，1981）。在一般谈判中，谈判者的谈判协议的最佳替代方案应当包括备选方案（alternative）和价值（value）两部分，仅有备选方案（在B房地产商那里买房子）而没有具体的价值，不能构成谈判协议的最佳替代方案。谈判者之所以谈判，目的是获取更多的利益，当谈判者判断当前谈判的利益低于谈判协议的最佳替代方案时，就会放弃此次谈判而选择谈判协议的最佳替代方案。

然而，对于审计师来讲，其审计工作的最终目标就是针对当前的客户财务报表发表意见。当审计师与客户就某项审计调整的谈判结果无法满足审计师的要求，即错报金额的影响仍然重大时，审计师就只能够发表除标准无保留审计意见以外的其他类型的审计意见，而不能像一般谈判那样，转而选择其他审计客户。因此，审计师在审计谈判中是没有谈判协议的最佳替代方案的。

此外，在一般谈判中，谈判者拥有的谈判力被认为是决定其谈判收益高低的关键因素（Shapiro et al.，1996）。而谈判者的谈判协议的最佳替代方案又被认为是影响其谈判力的一个重要因素，谈判者的谈判协议的最佳替代方案越好，那么他的谈判力就越强。因此，谈判者谈判协议的最佳替代方案的优劣会对其在谈判中所能获得的收益产生显著影响。Pinkley等（1995）和Brett等（1996）的研究结果均表明，谈判协议的最佳替代方案较高的谈判者能够获得较高的个体收益，证实了上述推论。但由于在审计谈判领域中，审计师没有谈判协议的最佳替代方案，因此审计谈判中也不存在上述关系。

2）首次报价与谈判目标的关系

在一般谈判中，谈判者会根据谈判前对谈判情境的总体判断来确定自己的谈判目标，进而在谈判目标的基础上做出自己的首次报价。通常，谈判者设定的谈判目标越高，他们的首次报价也越高。Poucke和Buelens（2002）的研究发现首次报价和谈判目标具有一定的相关性，也就是说，谈判者的首次报价可以视为其谈判目标的可见表达。因此，在一般谈判中，谈判者为实现其目标，通常会采用一个高于其谈判目标的首次报价，即使是在谈判中做出让步，其谈判目标仍能达到。

但是在审计谈判中，审计师的谈判目标通常是他们认为最恰当的审计调整金额。假如在首次报价时虚增审计调整金额，即报出超过其合理估计的金额，审计师就无法给出此报价的合理解释。Ng和Tan（2003）的研究发现，审计师并不愿意通过虚增最初提出的审计调整的金额，来促使客户接受他们认为合理的审计调整金额，因为“这样做可能是不恰当且缺乏专业性的”。Hatfield等（2005）检验客户报表中错报的数量和审计差异的谈判顺序对审计师谈判目标、底线、首次报价和最终报价的影响的研究结果显示，无论客户的错报数量和审计差异的谈判顺序如何，审计师的首次报价均低于其谈判目标。可见，在审计领域中，审计师的首次报价只可能等于或低于其谈判目标。

3）谈判策略的选择

所谓谈判策略，是明确谈判者的一系列谈判目标及其实现途径的一个总体行动计划（Pruitt and Carnevale，1993）。在一般谈判中，谈判者可以选择的谈判策略有以下五种：回避、合作、竞争、让步和妥协。其中，回避策略指的是谈判者选择不通过参与谈判来解决问题。在谈判过程中，谈判各方都会根据各自在谈判前的决策选择恰当的谈判策略，从而保证自身的利益。在一般谈判情境下，谈判者可能有很多理由来选择不谈判，如某一方的谈判者只需坚持立场就能达到目的，或谈判者认为不值得花费时间和精力进行谈判。

然而，在审计领域中，审计师一方面肩负着社会责任，必须遵守审计准则及职业道德规范；另一方面，又必须留住客户以谋求在审计市场中生存。因此，他们无法选择不参与谈判，即无法选择回避的谈判策略。尤其执行上市公司的审计时，财务报告规则和期限的制度约束使回避策略对审计师而言几乎是不可能使用的。所以，对于审计师而言，可选择的谈判策略通常仅包括：合作、让步、竞争和妥协。

5.3.3 审计谈判与审计质量

审计师与客户的谈判贯穿整个审计过程（Nelson et al.，2002），在处理提出的审计调整、解决会计政策选择和财务报表披露的分歧时及在双方对财务报表价值有争议时，都可能发生审计谈判。尤其是当公认审计准则不清晰或缺乏公认审计准则时，审计谈判发生得更加频繁（Gibbins et al.，2001）。审计谈判与审计师审计工作之间存在的这种密切联系，使审计谈判可能对审计质量产生重要影响。

目前，关于审计谈判对审计质量影响的研究结论都是在西方审计环境下得出的，缺乏来自其他审计环境的相关数据。然而，任何审计谈判都是在特定的审计环境下进行的，不同的审计环境不可避免地会影响到审计谈判的过程和结果。因此，在我国审计环境背景下分析审计谈判与审计质量的关系，不仅能够发现审计环境可能影响审计谈判的因素，而且还对改善我国审计谈判现状具有重要意义。

5.3.3.1 审计谈判在审计过程中发生的时间

按照我国审计准则的规定,我国目前普遍实施的审计执业过程包括三个阶段:审计计划阶段、审计实施阶段和审计完成阶段。在审计计划阶段，审计师需要确定重要性水平和重要的审计目标，评估可接受的审计风险、计划检查风险和重大错报风险，制订审计计划并选择审计程序。在审计实施阶段，审计师通过实施审计程序、获取充分适当的审计证据，从而发现被审计单位的会计处理和报告方法与相关会计准则、会计制度的规定或审计师的意见不一致的地方。当审计师完成财务报表项目审计工作后,就到了审计完成阶段,审计谈判通常发生在这一阶段。在这一阶段中，审计师需要根据审计重要性原则对所发现的全部审计差异予以初步确定和汇总，并建议客户进行调整，使经审计的财务报表所记载的信息能够公允地反映客户的财务状况、经营成果和现金流量。在对审计意见做出最后决定之前，审计师通常需要与客户就审计差异的调整问题沟通协商，即进行审计谈判。在审计谈判过程中，审计师会告知客户本次审计所发现的问题，并建议客户做出必要调整或说明表外披露的理由，而客户也会在此过程中申辩其立场。审计师在审计结束时是否能够坚持恰当地报告错报，取决于双方针对客户应当做出多少审计调整而进行的谈判结果。

高质量的审计不仅依赖于审计师良好的专业技能，在既定审计过程中采用恰当的审计程序并确定合理的抽样范围继而发现重大错报，而且需要审计师能够抵抗住来自客户的压力，独立且恰当地报告错报。即便审计师通过审计程序发现了所有重大错报，但如果没能坚持报告这些重大错报，审计失败依然可能发生（Palmrose，1987）。因此，审计谈判对财务报表最终的信息披露和审计意见具有重要影响，也成为影响审计师的审计质量的一个关键环节。

5.3.3.2 我国审计环境下审计谈判对审计质量的影响

保持与客户的良好关系是审计师在审计工作中需要考虑的一个重要问题。截至2018年底，我国共有会计师事务所9005家，执业审计师106 789名。根据中国注册会计师协会发布的《2018年度业务收入前100家会计师事务所信息》，前百家事务所的业务收入达505.64亿元，占全国所有事务所年度总收入的64%左右。但遥遥领先的仍然是四大会计师事务所，其总收入为168.97亿元，占全国所有会计师事务所年度总收入的21.32%。而在前百家中排名第四的国内第一大所立信会计师事务所，其总收入仅为36.68亿元，占排名第一的普华永道中天会计师事务所总收入的70.92%。根据绝对集中度指标即审计市场内前*N*家最大的企业所占市场份额的总和集中度（concentration ration，CRn）计算的我国目前审计市场的集中程度（表5-2）表明，虽然我国审计市场的结构不断优化，市场的集中程度逐步提升，但是CR4指标仅2014年超过20%，而CR8指标也一直未超过40%。一方面，这说明在我国的审计师审计服务行业中分布着大量的会计师事务所，每一家会计师事务所占据的份额较小，没有任何一家会计师事务所占有显著的市场份额，也没有任何一家会计师事务所能对整个产业的发展产生重大的影响，竞争很激烈。因此，我国目前的审计市场仍然是“僧多粥少”的买方市场。这就使会计师事务所作为受雇佣方在与客户博弈的过程中不仅处于劣势地位，而且要承受激烈的同业竞争压力。在这种情况下，会计师事务所如果不能获得新的客户以继续发展壮大，也会极力保持现有客户以维持生存。保持与客户的良好合作关系成为我国会计师事务所在激烈的审计市场竞争中维持生存的必然要求。

表 5-2　我国会计师事务所 2013~2018 年市场集中度

CRn	2013 年	2014 年	2015 年	2016 年	2017 年	2018 年
CR4	19.71%	21.87%	18.90%	19.46%	18.30%	17.28%
CR8	30.62%	33.11%	31.00%	30.69%	31.72%	30.13%

资料来源：依据 2013~2019 年中国审计师协会公布的百家信息计算整理所得

另一方面，维护良好的职业声誉是审计师行业存在的前提条件。审计质量是审计师发现并且消除财务报告中的错误的能力，它取决于审计师专业胜任能力和独立性的联合作用（Watts and Zimmerman，1986）。然而，专业胜任能力和独立性是社会公众看不见摸不着的，他们唯一能够看到的只有审计师的职业声誉。职业声誉是指社会公众对审计师审计质量予以信任和赞美的程度，它是由知名度、美誉度、客户忠诚度等内在品质构成的（查道林和费娟英，2004），较高的职业声誉意味着较高的独立性和专业胜任能力，因而也意味着较高的审计质量（Chaney and Philipich，2002）。如果没有了社会公众对审计师的职业声誉的信任，审计师的工作及其成果就没有任何意义，审计师行业也就失去了其存在的必要。要想形成并维护良好的职业声誉，审计师就得遵守各项法律、法规、准则的规定，执行监管部门的要求，在审计过程中保持较高的专业胜任能力和独立性。只有这样审计师才能将面临的审计风险控制在合理的水平，才能保证其职业声誉不会受到损害，才能保证社会公众对整个行业的信任和需要。

上述分析表明，保持与客户的良好合作关系和遵守相关法规准则及要求是审计师做出审计判断和决策时必须权衡的两个因素。随着我国对审计师行业监管体系的不断健全，审计师面临着越来越严格的法律规定和越来越高的执业风险。这使审计师要在保持健康友好的客户关系和降低审计风险、维护良好的职业声誉这两者之间取得平衡也变得越来越困难。在这种情况下，通过审计谈判的方式来解决审计师与客户之间针对财务报表确认和披露所产生的争议，不仅有利于审计师做出符合准则及法规要求的审计判断与决策，也有助于双方良好关系的维持。审计谈判过程中，审计师和客户可以充分沟通双方的利益偏好，明确陈述其中的利害关系。经过意见交换，审计谈判双方通常能够找到一个财务报表确认和信息披露的平衡点，在这个平衡点上客户财务报表所反映的财务状况和经营成果不仅最大限度地满足了客户的利益需求，保证了双方关系的健康发展；同时符合准则和各项法规要求，降低了会计师事务所的审计风险。

鉴于审计谈判所具有的双重功效，在我国目前的审计环境下，审计谈判成为审计师在解决与客户意见冲突时经常使用且富有成效的一种手段，这使审计师的谈判结果可能对审计质量产生重大影响。在不考虑其他因素的情况下，如果审计师更加注重对相关法规的遵守和审计风险的最小化，那么他们在审计谈判过程中就会较少地受到客户偏好的会计处理的影响，并在谈判结束时得到具有较高审计质量的审计谈判结果；然而，当保持与客户的良好关系成为审计师追求的主要目标时，他们在审计谈判过程中则更多地受到客户偏好的会计处理和披露方法的影响，容易屈服于客户偏好的谈判结果，在谈判结束时得到审计质量较低的审计谈判结果。

5.3.4　客户让步策略对审计师谈判决策影响的理论分析

本节将以互惠理论为基础，对客户让步策略与审计师谈判决策之间的影响关系做出分析，整体内容共分为三部分。其中，第一部分对本次提出假设所依据的理论基础——互惠理论进行了阐述，并就互惠理论在谈判中让步策略研究中的应用做出了分析；第二部分以前述理论分析为基础，分析了客户使用让步策略对审计师直接谈判决策的影响，并就审计师在谈判中最终决定的审计调整金额、让步次数及对客户的满意度提出了相应的假设；第三部分则分析了客户使用的让步策略对审计师感知的客户谈判决策的影响，并从审计师感知的客户对最终调整金额的满意度和感知的客户续聘意愿两个方面提出了研究假设。

5.3.4.1　互惠理论与谈判让步策略

人类赖以生存的自然资源与社会资源都是稀缺有限的，社会各领域都可能出现选择冲突，而谈判则是人们解决冲突、分配稀缺资源的一种基本方式。参与谈判的双方都有着明确的利益需求，而双方的利益需求又可能是相互依赖且相互冲突的。谈判者参与谈判，是希望通过沟通和信息交换满足自身利益需要、协调双方行为并改善相互之间的关系。谈判者在谈判过程中力图说服他人并被他人所说服，力求以各方达成共识或协调一致的行动来获取比单方行动更有利的结果。在各方谈判者为了实现自身利益而积极沟通、协调的过程中，许多社会的、心理的因素都会对谈判者的行为和决策产生影响。

在早期的谈判研究中，通常将谈判看作一门艺术，谈判者要深入了解人际交往的技巧，要具有说服他人和判断是否为他人所信服的能力；要具有巧妙地应用各种讨价还价的技巧的能力、敏锐的洞察力和雄辩的口才；要懂得什么时候及怎样使用这些能力。许多成功的谈判者自然而然地运用他们的技巧，却很难解释自己成功的原因。有许多文献都描述了谈判的艺术并提供了一些提高谈判技巧的行为指导。此后，随着研究领域的拓展和深入，人们越来越认识到谈判除了艺术性的一面，还有科学性的一面。Raiffa（1982）在其《谈判的艺术与科学》（*The Art and Science of Negotiation*）一书中认为，谈判的科学性就是为了解决争议与处理纠纷而进行的系统性的分析。通过对谈判问题的准确观察，制订合理的计划并做出正确的分析、推理，对不断变化的谈判过程进行动态优化。谈判的技巧和能力不再被认为是个人的或创造性的事情，谈判过程具有了理性的、基于认知的解释，因而也相应出现了一些与谈判相关的理论。这些理论为谈判研究奠定了坚实基础，同时对谈判实践活动具有指导意义。

本节希望探讨的是客户在谈判中的让步策略对审计师的谈判决策会产生怎样的影响。在众多的谈判理论当中，与让步策略的使用及其效果最为密切相关的理论就是源自人类学研究领域的互惠理论。本节首先阐述互惠理论的基本内容，然后对互惠理论在谈判中让步策略研究中的应用做出回顾。

1）互惠理论

（1）互惠理论的起源与发展。关于“互惠”这一行为的研究最早起源于人类学领域的礼物交换研究。美国人类学家Boas（1897）在介绍北美西海岸夸扣特印第安人中盛行的夸富宴（polatch）时，将这种宴会作为一种特殊的礼物交换类型来描写，提出礼物交换是人类文明中最早的互惠形式，并引发了人类学领域对礼物交换及其理论基础——互惠理论的研究（阎云翔，2000）。在这些早期的研究中，学者不但注意到了礼物交换的经济意义，同时发现了礼物所包含的“赠予”关系及蕴含的丰富的文化内涵：礼物的交换在大多数时候并不计较交换价值的大小，也不要求即时回报，这与商品交换的行为恰恰相反。在人类学家对互惠的研究中，他们普遍认为个人给予是因为期待报偿，而另一个人做出回报则是由于面临着合作伙伴有可能终止给予的风险。一切权利和义务都被置于互惠性服务的均衡链之中。从人类学家研究互惠所持的态度来看，人类的交换行为是普遍存在的，但交换的形式和意义随文化的不同而不同，其中又体现了文化相对论的观点。

著名经济人类学家Polanyi（1957）在其出版的《早期帝国的贸易和市场》（*Trade and Markets in the Early Empires*）一书中将互惠作为一种社会整合模式。他界定了互惠的范围，并指出了互惠的前提条件及其动机，使互惠的概念范围更广，也更具有跨文化的意义。Polanyi（1957）认为，互惠性的交换指的是以社会义务作为物品和劳力交换的基础，其交换的目的是非物质性、非营利性的，这种交换制度在原始社会中最常见。一般发生在特定的对称组织中，如因血缘关系和伙伴关系结成的共同体中，特别是在有相互赠予的义务行为的亲属和朋友之间。它多表现为以礼物为媒介的义务性赠予关系。这种赠予是广义的，并非仅限于财物或服务方面，而指的是一种互利互助关系。要实现互惠，必须满足一个重要的前提，即所有的人都会尽其所能进行生产并且都有互相分享的意愿。在上述分析的基础上，Polanyi得出的结论是：互惠的动机不是个人私利，而是害怕在社会上受到轻视、排斥或降低声誉与丧失身份。

然而，现代社会学、经济学中对互惠理论的研究则是以Gouldner（1960）的“广泛道德交换模型”（a generalized moral norm of reciprocity）理论为基础，不断演化发展起来的。Gouldner（1960）在其研究中指出，互惠准则几乎是道德行为最普遍的法则，它来源于“如果你想得到他人的帮助，你就必须帮助别人”的道德行为，而“在任何地方，对所获得的利益予以报答都被视为一种义不容辞的责任”。互惠并不必然被限定在两者之间，它可以被扩展成一个大型的网络。目前普遍存在的一种观点是，互惠是社会交往中的一个基本原则（Blau，1964），因而互惠可以被用于解释以下多种过程：利他主义（Krebs，1975）、社会责任（Berkowitz and Daniels，1963）、吸引（Newcomb，1961）、平等（Adams，1963）、自我表露（Rubin and Brown，1975）、讨价还价及交换（Komorita and Esser，1975）、合作（Kelley and Stahelski，1970）。

（2）互惠理论的心理学阐释。越来越多的来自进化心理学的研究证据表明，人类在进化过程中天生就被赋予了对恩惠做出互惠的本能（Frideman and Singh，2004）。实验研究也表明，当人们获得恩惠时会使他们产生一种有所亏欠的心理状态，而这种心理状态是为大多数人所厌恶的，并且这种厌恶的心理状态促使人们对能够减轻这种亏欠心理的机会格外警觉和敏感（Uehara，1995）。因而，互惠法则涵盖了两方面的义务：当互惠被提供时，接受它的义务及回报互惠的义务。

互惠的工具性的动机，就是希望增加未来继续受到恩惠的可能性。学者一直都认为互惠行为部分地具有强化行为的特征（Blau，1964）。根据Blau（1964）的研究，社会交换是个体为了在未来能够继续获得收益，通过对所得收益给予回报来解除责任的一种自愿行为，这个交换过程利用了个体的自身利益。尽管许多人都赞成互惠准则，但明显也有一小部分证据并不符合这一准则的预测（Fehr et al.，2000）。因此，对互惠行为的研究延伸到以互惠作为一种继续取得收益的工具性的动机上，Ashforth和Humphrey（1993）发现对未来获得更多收益的期望能够促进互惠行为的产生，并增加社会交换的可能性。最终，在不断重复的互惠中，社会交换变得越来越普遍。

此外，在研究逢迎和社会交换的文献中也有证据表明，恩惠给予者具有激励互惠行为产生的积极影响：对于那些曾经使自己受益的个体，人们通常会对他们怀有感激之情，并喜欢他们（Flynn，2005）。这种心理反应使人们能够从帮助他们的恩人的行为中得到满足，并且他们会因为恩人给予的恩惠而产生偏误，这种偏误将导致他们在未来对自己的恩人分配更多的奖励和利益（Barry and Fulmer，2004）。

无论是以互惠作为获取更多利益的工具性动机，还是积极心理感受的影响，都使互惠这种社会行为越来越普遍。并且，研究发现，人们有时会在没有积极影响的情况下和对未来获取收益不抱期望的情况下，做出互惠行为，甚至不计较个人可能负担的巨额成本，而对自己所厌恶的人提供的恩惠给予回报（Cialdini，2001）。

（3）互惠的分类及其对互惠者关系和利益的影响。随着互惠理论研究的不断发展，这种对人类行为的基本认识引起了社会学家和经济学家的兴趣，互惠理论开始被广泛地引入到社会学和经济学领域中。互惠理论在这些领域中的适用范围越来越广，互惠的定义和内容也开始有了多种演绎。当前的互惠理论研究中所讲的互惠通常是指人们做出的报答他人的善意行为和报复他人的敌意行为，即使报答或实施报复需要付出成本。根据互惠内容的不同，互惠可以大体分为两类：积极互惠（positive reciprocity）和消极互惠（negative reciprocity）。对他人善意行为的报答称为积极互惠；对他人敌意行为的报复则称为消极互惠。实际上，积极互惠和消极互惠相结合的“针锋相对（tit-for-tat）”的行为是一种完全的互惠行为（Komorita et al.，1991）。

这种完全互惠行为常常是稳定关系的基础。按照互惠理论的描述，人们会帮助而不是伤害那些曾经帮助过自己的人，也会报复那些曾经损害过自己利益的人，也就是说恶意的行为应当受到惩罚且利用合作的行为不应得到容忍。这种既能够宽容同时可以被煽动的能力，促使他人感觉到个体是“强硬但公平（firm but fair）”的。在做出互惠行为时，人们自己的利益已经不是评价行为是否合理的唯一标准，还要考虑到他人的行为和利益。通过互惠的过程，人们之间的联系日益密切、合作不断得到加强，人与人之间的关系日趋平衡和稳定。因而，互惠是个体之间维持长期良好关系的有力手段。

此外，互惠行为还能够给维持互惠合作关系的双方带来最高的收益。政治社会学家Axelrod（1984）从演进博弈论的角度进行的三次“重复‘囚徒困境’博弈”实验引起学术界的广泛关注。他的研究中，“囚徒困境”的支付值如图5-7所示。

囚徒 甲

		合作（C）	背叛（D）
囚徒 乙	合作（C）	R=3，R=3	S=0，T=5
	背叛（D）	T=5，S=0	P=1，P=1

R：对双方合作的奖励　　T：对背叛的诱惑

S：对愚者的报酬　　P：对双方背叛的惩罚

图 5-7 重复“囚徒困境”博弈

资料来源：阿克塞尔罗德（2007）

从理论上看，在这场博弈比赛中得分最高的应当是在全场比赛中全部选择背叛的博弈者，而得分最低的应是在全场比赛中全部选择合作的博弈者。但实际的博弈比赛结果却出人意料，得分最高的是采取“针锋相对”行为的博弈者。该博弈者使用“一报还一报”的行为：第一回合采取“合作”，然后每一回合都重复对手上一回合的行为。根据实验结果，Axelrod（1984）总结得出“针锋相对”的完全的互惠行为能够在一个由多种行为构成的复杂环境中成功的原因。他认为，这种行为综合了善良性、报复性、宽容性和清晰性。它的善良性意味着它不先背叛，这个特征防止它陷入不必要的麻烦；它的报复性使对方一旦尝试背叛后就不敢坚持；它的宽容性有助于恢复双方的合作；它的清晰性使其行为方式容易被识别。由此可见，互惠行为产生的合作环境可以给互惠双方带来最大的收益，而目前的合作给双方为未来的再次合作奠定了基础，因为如果能够再次相遇，合作会给双方带来更大的收益。同时，双方未来的合作关系对目前的合作行为选择也产生了影响。在这种作用之下，双方的合作关系长期稳定地维持下去，双方的收益也达到最大化。

2）互惠理论在谈判让步策略中的应用

互惠作为一种社会性的规则，其基本信条是如果有人给予了某个人任何形式的礼物或恩惠，那么这个人就有“义务”做出互惠。与互惠理论描述相符的互惠行为在各种环境中都有所体现，并且是社会的普遍现象（Gouldner，1960；Cialdini，2001），在谈判领域中也是如此。因此，互惠理论在谈判中的应用得到了广泛、持久的关注。

谈判在社会生活中普遍存在，是用于解决个体之间、组织之间及个体和组织之间冲突的有效方式，其作用的发挥通常离不开谈判者之间的互惠决策和互惠行为。研究表明，互惠原则是解决人际关系冲突的一种重要的调节机制。在谈判背景下，互惠理论创造了一种迫使双方相互让步的环境。高效率的谈判者通常会在谈判开始时显现出高于其最终目标的初始立场，然后利用互惠原则通过让步为他们的对手被动地生成一种类似于社会责任的互惠意识（Cialdini，2001）。当谈判者在谈判过程中降低他们的初始立场做出让步时，他们会期待对手也做出同样的让步，并且只有当对手做出同样的让步时，谈判者才会认为谈判是公平的（Kwon and Weingart，2004）。谈判的实验研究得出的结论是，与在谈判开始时就报出最终希望达成的报价相比，在谈判开局时报出一个较高的初始价格，然后在谈判过程中做出让步的谈判效果更好（Chertkoff and Conley，1967）。

在谈判双方冲突的情境下，如果要达成一个折中的解决方案，两方的谈判者都必须做出让步（Komorita，1973）。因此，在通过谈判达成一致协议时，一个关键的问题就是双方做出让步的谈判效果。谈判中的一种极端情况是坚定或强硬的谈判策略很可能产生最有利的谈判结果，但是这种谈判策略也会降低谈判达成一致协议的可能性；而另一个极端是轻易屈服的谈判策略可能增加达成一致谈判协议的可能性，但同时可能带来较差的谈判结果。所以，谈判者经常会处于一种两难的困境中，既要使达成一致谈判协议的可能性最大化，又要使通过谈判实现谈判目标的可能性最大化。

Osgood（1962）在其研究中提出了降低紧张的逐步互惠（graduated reciprocation in tension-reduction，GRIT）理论。这一理论认为，当谈判者在谈判过程中僵持不下时，先由某一方做出一个较小数额的让步并示意其他方给予互惠，能够缓解谈判中的紧张氛围。当首先让步一方的较小让步得到对方互惠时，就可以逐步增大让步的数额，直到冲突被解决为止。由于假设谈判中的这种互惠要持续到达成谈判协议为止，这就意味着谈判者应当在谈判开始时有一个足够高的开局报价，能够保证谈判者做出足够频繁的让步而实现其最终目标。随后的许多研究都提供了支持Osgood（1962）的降低紧张的逐步互惠理论的证据（Pilisuk and Skolnick，1968；Komorita and Barnes，1969；Pruitt and Johnson，1970；Hamner，1974；Komorita and Esser，1975）。

Pilisuk和Skolnick（1968）在他们的研究中探讨了使用互惠原则做出让步并促使对手做出让步时，“较少次数且较大数额的让步”和“较多次数且较小数额的让步”这两种方式能够更有效地创造出互惠的合作氛围。实验结果显示，与“较少次数且较大数额的让步”方式相比，“较多次数且较小数额的让步”显著增加了对手的合作意愿，同时使谈判双方达成了想要得到的谈判协议。这一研究结论直接支持了Osgood（1962）的降低紧张的逐步互惠理论。

Pruitt和Johnson（1970）的研究同样提供了支持降低紧张的逐步互惠理论的证据。他们在研究中发现，当谈判对手做出较大数额的让步时，谈判者也倾向于做出较大数额的让步；而当对手的让步数额较小时，谈判者做出的让步数额也较小。

Oskamp（1971）在一篇关于“囚徒困境”博弈的回顾性文章中指出，从许多研究结论综合来看，引起谈判双方合作的最有效的策略就是模仿对手上一轮的反应，也就是使用互惠的策略。从谈判领域的研究来看，被试也倾向于对计算机模拟的谈判对手做出的让步予以互惠，并且示意对方让步的最有效的策略就是对对手上一轮的让步做出互惠。为了对互惠假说直接检验，Esser和Komorita（1975）在其研究中假设当且仅当谈判者的让步取决于另一方的让步时，某一方做出的让步能够有效地使另一方做出让步。研究结果显示，互惠的确是促使对方做出让步的最有效的策略。此外，两位作者在文章中提出互惠在使对方做出让步方面的有效性并不是因为它阻止了谈判者去利用对手，而是因为谈判者憎恨并拒绝被不愿做出互惠性让步的对手的不公平行为所威胁。根据他们的研究，互惠的行为和策略是不会利用对手且不会被对手所利用的，这一观点和结论同样来源于Osgood（1962）的降低紧张的逐步互惠理论。

此后，Komorita和Esser（1975）在其研究中指出了Esser和Komorita（1975）的不足，并在控制更为严格的情景下重复检验了前述的研究问题。两位学者认为，互惠的操控可以分为三个部分：互惠性让步的频率、数额和即时性，但Esser和Komorita（1975）并没有对被试的让步数额做出限制，因而使研究无法在保持另外两个部分不变的情况下，操控互惠的某一个组成部分。所以，他们在随后的研究设计中规定被试在谈判中只能选择做出一个固定数额的让步或选择不做出让步，并且如果被试做出的让步得到谈判对手的互惠时，被试要立即再次给予互惠性让步。这种实验设计控制了互惠性让步的数额和时间，使学者能够单独考察互惠性让步的频率的影响。研究的结果同样支持了谈判中所具有的互惠效应，对对方的让步持续做出互惠性让步能够促使对方继续让步。

综上所述，互惠理论指导下的谈判让步策略是将谈判对手视为平等的合作伙伴，在兼顾己方的最优谈判结果和达成一致谈判协议的最大可能的前提下，以缓解双方冲突及增强谈判合作氛围为目的，由谈判双方共同做出的努力。这种以互惠理论为基础的让步策略，正是在审计谈判环境下所需要的，因而对指导审计谈判让步策略研究具有重要意义。

5.3.4.2　客户让步策略与审计师的直接谈判决策

一般的商业谈判中，谈判者报价的变化是谈判关注的焦点，而诸如交易日期、担保条款等均属于次要问题。并且，很少有谈判能够在某一方谈判者要求的初始报价上达成一致，向着谈判对手期待的方向改变初始报价且降低自身利益水平的让步行为在谈判中常常会出现（Pruitt，1981）。审计谈判领域的情况也是如此，审计师和客户在谈判中常常会使用让步策略（Gibbins et al.，2001；Hatfield et al.，2005）。但是，与客户的让步策略使用相关的问题却没有得到学者的深入探讨与研究。谈判者让步策略的变化可以体现在两个方面：让步数额的变化和让步时间的变化（Allen et al.，1990）。审计谈判的核心问题是审计调整的数额，无论从审计师的角度还是从客户的角度，合理的审计调整金额及潜在的让步区间很可能都是既定的。因此，在本节研究中，主要关注客户在审计谈判过程中不同时间做出的让步会对审计师的谈判决策产生怎样的影响，这也更符合审计谈判的实际情况。

在审计谈判中，当审计师或客户愿意从自身偏好的初始立场做出让步时，就会存在一个正向的谈判区间。在这个正向的谈判区间内，客户可以在谈判开始时一次性、谈判过程中逐步或在谈判过程结束时一次性做出让步，且无论客户选择在什么时候做出让步，让步的总金额是固定不变的。这三种让步总金额相同而让步时间不同的审计谈判让步方式分别对应于本节将要检验的初始让步策略、逐步让步策略和最终让步策略，如图5-8所示。从经济学的视角来看，当客户做出让步的总金额既定不变时，可以预期审计师的反应不应当随着客户让步时间的变化而改变。然而，大量的心理学研究却表明谈判者在不同时间做出让步会影响谈判对手的判断和行为，并且逐步让步策略能够使对手的最终谈判决策最接近谈判者渴望的谈判目标（Chertkoff and Conley，1967；Kwon and Weingart，2004）。

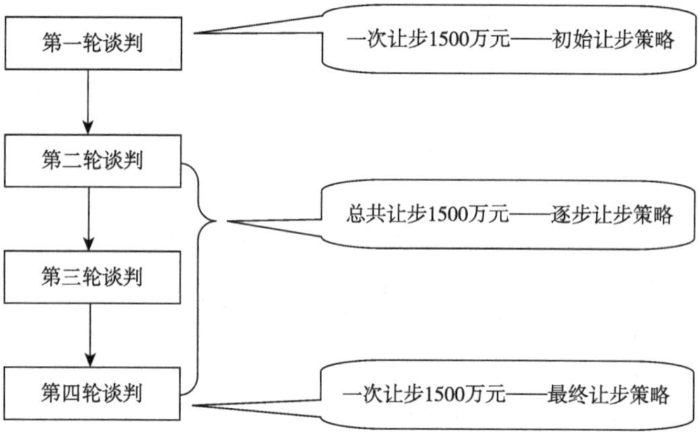

图 5-8 客户的让步策略

在审计谈判过程中，审计师不但要做出自身的谈判决策以应对客户的谈判策略，还要积极感知客户的谈判决策以提高自身谈判决策的合理性，并增加达成一致谈判协议的机会。因此，从客户使用的不同让步策略与审计师谈判决策的关系的紧密程度来看，审计师做出的与谈判相关的判断可以划分为两个层次。第一个层次是审计师的直接谈判决策，审计师这个层次的谈判决策、行为或心理反应直接受到客户使用的不同让步策略的影响，并且与审计谈判过程和谈判结果紧密相关，是审计谈判整体的有机组成部分，包括审计师的谈判让步次数、最终决定的审计调整金额及对客户的满意度三个方面。第二个层次是审计师感知的客户谈判决策。在这一层次的谈判决策上，审计师不是要对实际的谈判状况做出判断，而是通过客户在谈判中的不同让步行为并结合自身以前做出的判断来感知谈判对手的判断。这种对对手谈判决策的感知的形成机制更加复杂，与客户让步策略的关系相对间接一些，包括审计师感知的客户对最终调整金额的满意度和客户的续聘意愿两项内容。在下文中，本节从这两个层次提出关于审计师谈判决策的研究假设。

1）审计师的谈判让步次数

互惠原则是双边谈判中一个重要的冲突调解机制。根据互惠理论中的积极互惠原则和消极互惠原则，当客户在谈判中做出让步时，审计师在心理上会感觉到有责任做出互惠，并做出实际的让步；当客户坚持上一轮的报价时，审计师同样可能模仿客户的行为而坚持不让步，并且只有这样做才会感觉谈判是公平的。一般谈判的相关研究发现，谈判者会对谈判对手的让步做出相应回报（Chertkoff and Conley，1967；Pruitt and Johnsen，1970；Maxwell et al.，2003），而审计谈判领域的研究也发现了相同的研究结论，即当客户做出让步时，审计师愿意进行互惠。研究也发现，谈判者对谈判对手的让步立即做出互惠，是示意对手继续让步的有效手段（Esser and Komorita，1975）。也就是说，当审计师针对客户的让步做出了互惠性回应，且客户又继续做出让步时，审计师有极大的可能性会跟随客户的让步行为继续做出让步；但如果客户拒绝做出让步，审计师也很可能维持所提出的审计调整金额而拒绝做出让步。

另外，审计领域中维持审计师和客户之间的良好关系对任何一方而言，都是十分重要的。并且，在审计谈判结束时达成一致意见的审计调整金额、避免高昂的社会成本和声誉损失也是谈判双方共同的期望。因此，当客户和审计师在相互让步的情境中培育了良好的合作氛围时，双方都会有强烈的意愿将这种合作关系维持下去。在这种意愿的促使下，当客户不断做出让步时，审计师也将不断做出让步来配合客户的互惠行为，以营造良好的合作氛围；而当客户仅做出一次让步时，审计师很可能会认为其合作诚意不足，自身也没有必要做出较多次的让步。

审计师的谈判让步次数，也就是审计师在整个审计谈判过程中降低所要求的审计调整金额的次数。对比图5-3描述的客户使用的谈判让步策略，使用初始让步策略和最终让步策略的客户都仅增加了一次愿意做出审计调整金额的让步。两种策略的区别仅在于：采用初始让步策略的客户在首轮谈判中就主动增加1500万元的审计调整金额，而采用最终让步策略的客户则是在审计师决定最终要求的审计调整金额前才同意增加审计调整金额。与这两种策略明显不同的是，使用逐步让步策略的客户在谈判的第二轮、第三轮、第四轮均提高了愿意做出审计调整的金额，即做出了三次让步。相比较而言，使用逐步让步策略的客户在整个审计谈判过程的让步次数明显多于使用初始让步策略和最终让步策略的客户。因此，与客户的让步行为相应，逐步让步组的审计师在审计谈判过程中降低所提出的审计调整金额的次数将显著多于初始让步组和最终让步组的审计师。

Siegel和Fouraker（1960）认为，谈判环境是一种固有的冲突情境，在这种情境中，谈判者很有可能会利用对手的弱点。为了避免被对手利用，当谈判者在较大程度上可以确定对方会做出互惠性让步时，自身才可能做出让步。初始让步组和最终让步组的审计师在整个谈判过程中，只看到了一次客户增加审计调整金额的行为，区别在于初始让步组的审计师在谈判一开始就看到这种行为，而最终让步组的审计师直到谈判结束前才看到这种行为。初始让步策略下，客户在首轮谈判中主动增加审计调整金额，不但表明其具有较强的合作意愿，继续让步以维持合作；而且由于谈判刚刚开始，客户仍然有时间再次增加审计调整金额。而在最终让步策略下，客户始终坚持原始的审计调整金额直到谈判结束前才做让步，不但表明其合作意愿较低，而且此次让步之后也没有时间再次做出让步。因此，初始让步组的审计师在看到客户的首轮让步后，不但可能会做出相应互惠性让步，还有可能认为客户将再次增加审计调整金额，导致该组审计师也将做出较多的让步。但是，对于最终让步组的审计师来说，因为客户最终增加审计调整金额是在谈判即将结束时，客户不可能有机会再次做出让步，同时他们在前三轮谈判中的强硬态度也使审计师自身的合作意愿有所降低。因此，最终让步组的审计师在谈判中可能做出让步的次数也较少。根据以上分析，我们提出如下假设。

H1：客户使用逐步让步策略时，审计师在审计谈判过程中做出让步的次数将会显著多于客户使用初始让步策略和最终让步策略时的情况；客户使用初始让步策略时，审计师在审计谈判过程中做出让步的次数将会显著多于客户使用最终让步策略时的情况。

2）审计师最终决定的审计调整金额

审计师最终决定的审计调整金额，是在审计谈判结束时谈判双方共同能够接受的谈判结果。因此，审计师最终决定的审计调整金额是其在谈判中做出的最为重要的谈判决策，将直接影响财务报表的信息质量和审计质量。

互惠理论研究表明，当人们接受来自他人的好处后，很可能出于以下的心理反应而对给予其利益的人做出互惠行为：①人们获得利益时会产生一种有所亏欠的心理状态，出于对这种亏欠心理状态的厌恶，人们对能够减轻这种亏欠心理的机会十分敏感且一旦有可能便会做出互惠性的回报；②将互惠行为作为一种继续获得收益的工具，希望在未来能够继续获得收益；③人们对给予自己利益的人可能怀有感激之情，并会从回报利益的行为中获得满足。审计谈判领域中，这些心理反应同样可能影响审计师对客户的让步做出互惠行为。此外，谈判对手的让步形式似乎能够揭示他所使用的谈判方式和意图（Hamner，1974），当谈判对手做出规律的、系统的让步时，可能是在向其他谈判方表明自身的合作意图和对谈判负责的态度。因此，当客户在谈判过程中逐步增加愿意做出的审计调整金额的次数时，审计师也随着不断做出让步，双方的互惠合作不但使他们的关系长期稳定地维持下去，而且会给逐步让步的客户带来最符合其期望的谈判结果（Tan and Trotman，2010），即最低的审计调整金额。这一谈判结果预期，同样符合Osgood（1962）提出的降低紧张的逐步互惠理论，即在审计谈判冲突中，客户逐步做出让步，直到审计师决定最终的审计调整金额为止。与仅在谈判开始或结束时做出一次让步的策略相比，逐步让步策略很可能使审计师做出更多的互惠性让步，并做出最有利于客户的谈判决策。综上所述，当客户使用逐步让步策略时，审计师在谈判结束时最终决定的审计调整金额最低。

根据互惠理论，互惠原则之所以是维持谈判双方良好合作关系和使积极做出互惠行为的谈判者获取有利谈判结果的有效手段，不仅在于它能够促使谈判双方相互做出让步的积极互惠效应，而且在于它能够对谈判对手的强硬态度施以报复的消极互惠效应。当谈判对手在谈判过程中始终坚持自己的初始谈判立场时，其他谈判方就会认为对手只想通过谈判为自身获取利益，没有与他人合作的意愿和诚意。这样的想法会使其他谈判方认为谈判是不公平的，自己只是被强硬的谈判对手所利用，因此同样不愿意向对手偏好的谈判结果屈服，坚持不做出让步的可能性最高。此时，即便谈判对手在谈判结束前做出了让步，也会被谈判者认为是一种为了避免谈判破裂而诱骗谈判者的虚假表现。最终做出的让步与在谈判过程中的强硬态度一样，会持续降低谈判者的公平感和合作意愿，促使谈判者为保证自身较高的谈判收益而拒绝做出让步。因此，如果客户使用最终让步策略，在谈判中坚持拒绝进行审计调整，审计师很可能对客户的谈判诚意产生怀疑，同时怀疑客户拒绝做出审计调整的动机。这种对客户的不信任，将促使审计师在谈判中坚持自身最初要求的审计调整金额，而不向客户偏好的调整金额做出让步。因此，当客户使用最终让步策略时，审计师在谈判结束时最终决定的审计调整金额将会是最高的。

对于使用初始让步策略的谈判对手而言，当他们在谈判一开始便主动让步时，很可能得到谈判者的让步回应，因而他们在谈判的一开始就为己方获得较有利的谈判开局。但是，随着谈判的继续进行，谈判对手不再做出让步，所以不能够像逐步让步策略那样营造出良好的合作氛围，也不能够使谈判者在谈判过程中做出多次让步。所以，与使用逐步让步策略的谈判对手相比，使用初始让步的谈判对手最终取得的谈判结果对其自身而言可能较差。即便如此，使用初始让步策略的谈判对手最终取得的谈判结果仍然可能优于使用最终让步策略的谈判对手。其原因在于：一方面，使用初始让步策略的谈判对手能够诱使谈判者在开局时做出让步，有可能在谈判者较低开局报价的基础上取得较好的谈判结果；另一方面，虽然使用初始谈判策略的谈判对手在第一次让步后没有继续做出让步，但一开始就显示出的良好合作意愿及后续谈判过程中的坚持不让步，很可能使谈判者认为对手第一次让步后已经达到其能够接受的最差谈判结果，所以谈判者仍然会认为谈判是公平的、合作的氛围较强，很可能在自身能够接受的范围内对对手做出让步。综合以上的分析，当客户使用初始让步策略时，审计师最终决定的审计调整金额将高于客户使用逐步让步策略时的情形，但仍然可能低于客户使用最终让步策略时的情况。据此，我们可以提出假设。

H2：客户使用逐步让步策略时，审计师最终决定的审计调整金额将会显著低于客户使用初始让步策略和最终让步策略时的情况；客户使用初始让步策略时，审计师最终决定的审计调整金额将会显著低于客户使用最终让步策略时的情况。

3）审计师对客户的满意度

审计师在谈判结束后对谈判对手即客户的满意度，属于此项审计谈判引起的审计师的社会心理反应。根据一般谈判的相关研究，谈判让步策略不但会影响谈判过程和谈判结果，即具有经济影响，还会影响谈判者的社会心理反应（如对谈判情境的感知、对其他谈判方的判断、对自身的感知等）（Kwon and Weingart，2004）。谈判者对不同让步策略的社会心理反应是十分重要的问题，因为谈判者的社会心理反应是影响谈判协议是否能够执行和谈判各方未来是否保持交往的关键因素（Crosby et al.，1990）。因此，在审计谈判领域中，了解审计师对客户使用的让步策略的社会心理反应就显得更加重要。会计师事务所要维持生存就必须开展审计服务，审计谈判是会计师事务所从事日常审计工作的必要组成部分，因此审计师的社会心理感受必然受到审计谈判的影响，并且会影响审计谈判和双方的关系。对于某个固定的审计客户来说，审计师对谈判的社会心理反应就成为不断反复的审计工作链条上不可或缺的一环；而在发生客户变更时，审计师对谈判的社会心理反应也可能是导致变更的主要原因。

审计师对客户的满意度主要取决于自身偏好和客户偏好的谈判结果之间的差距，差距越大，审计师对客户的满意度就越低。由于本节的研究中有保持客户在谈判结束前的让步数额一致的假设，因此审计谈判双方偏好的谈判结果之间的差距就取决于审计师最终决定的审计调整金额。当客户采用逐步让步策略时，审计师在谈判中做出了最大数额的让步，并在谈判结束时决定让客户调整最少的审计调整金额。此时，审计师与客户在谈判结束时偏好的谈判结果之间的差距最小，使审计师对客户的满意度最高。然而当客户使用最终让步策略时，审计师在谈判过程中做出让步的数额最小，并在审计谈判结束时决定让客户调整的审计调整金额最多，进而使审计师与客户在谈判结束时偏好的谈判结果之间的差距最大，审计师对客户的满意度也最低。在客户使用初始让步策略的情况下，审计师在谈判中做出让步的数额居中，并在审计谈判结束时要求客户调整的审计调整金额高于逐步让步策略组而低于最终让步策略组。因此，当客户使用初始让步策略时，审计师与客户在谈判结束时偏好的谈判结果之间的差距将大于客户使用逐步让步策略而小于客户使用最终让步策略时的情况，最终审计师对客户的满意度也低于逐步让步组而高于最终让步组。

此外，在审计谈判过程中，当审计师接受来自客户做出的让步并在自身做出让步回报后，客户做出持续让步时，谈判过程便形成了良性互动的合作氛围。此时，审计师会将谈判视为是公平且富有成效的，并因此对审计谈判本身和客户都具有较高的满意度。当审计师在整个谈判过程中仅收到客户在谈判开局时的一次让步时，审计师不会完全将谈判视为积极合作且公平的过程，因为客户在谈判开局就主动让步的行为体现了客户良好的合作意愿，而后续谈判过程中的坚持不让步则可能是由于客户已经到达了自己的底线。这种情况下，审计师对审计谈判过程和客户的满意度虽然不如客户使用逐步让步策略时高，但仍然会达到一定的满意水平。而当客户始终坚持自己的初始立场直到谈判结果即将达成时才做出让步时,审计师就会不满于对手的强硬态度及为了避免审计谈判最终破裂而勉强让步。所以，审计师对使用最终让步策略的客户的满意度将是最低的。

根据以上分析,无论从审计师对谈判结果的感知还是对谈判过程的感知来看,都可以合理预期客户采用逐步让步策略能够使审计师具有最高的满意度，客户采用初始让步策略时审计师的满意度将低于逐步让步策略时的情形，而采用最终让步策略的客户将获得审计师最低的满意度水平。因此，我们提出如下假设。

H3：客户使用逐步让步策略时，审计师对客户的满意度将会显著高于客户使用初始让步策略和最终让步策略时的情况；客户使用初始让步策略时，审计师对客户的满意度将会显著高于客户使用最终让步策略时的情况。

5.3.4.3 客户让步策略与审计师感知的客户谈判决策

审计师感知的客户的谈判决策，实际上是要求审计师站在客户的角度对谈判过程和谈判结果做出审视。审计师感知客户对谈判的态度和看法的准确性，决定了审计师是否能够形成更有效的谈判策略并取得更好的谈判结果。正如对审计谈判结果形成机制的分析所述，审计师和客户在谈判过程中充分沟通双方的利益偏好，找到一个财务报表确认和信息披露的平衡点。在这个平衡点上，客户财务报表所反映的财务状况和经营成果既最大限度地满足了客户的利益需求，同时符合会计、审计的准则和各项法规要求。因此，审计师做出最终的审计调整决策时，不但会考虑审计调整是否符合准则规定，还会考虑客户对此谈判结果的满意度及这样的结果是否会影响客户的续聘意愿。

1）审计师感知的客户对最终调整金额的满意度

审计师感知的客户对最终调整金额的满意度，是要求审计师站在客户的立场上判断客户对审计谈判结果是否满意。通常情况下，客户对审计师最终决定的审计调整金额的满意度主要取决于客户自身的谈判结果预期与审计师最终决定的谈判结果之间的差距。两者之间的差距越大，最终谈判结果对客户的不利影响也越大，客户对审计师最终决定的审计调整金额的满意度越低。两者之间的差距越小，最终谈判结果可能给客户带来的不利影响也越小，客户对审计师最终决定的审计调整金额的满意度也就越高。由于本节的研究设计中保持三种谈判策略下客户最终偏好的谈判结果相同，因此客户对审计师最终谈判决策的满意度直接取决于审计师最终要求的审计调整金额的大小。审计师最终要求的审计调整金额越大，客户对审计师最终决策的满意度就越低。

当客户使用逐步让步策略时，审计师与客户很可能在谈判过程中形成最佳的互惠合作关系，并且可能使审计师在谈判中做出最大的让步，而最终要求客户做出最小数额的审计调整。此时，可以预期客户对审计师最终决定的审计调整金额的满意度将是最高的。当客户使用初始让步策略时，审计师在谈判中的让步数额很可能小于使用逐步让步策略的情形，而最终要求的审计调整金额将大于逐步让步策略组。这种情况下，客户对审计师最终决定的审计调整金额的满意度将低于逐步让步策略组。而当客户使用最终让步策略时，审计师在谈判中做出的让步程度很可能是最低的，最终要求客户做出审计调整的金额也将是最多的，导致客户对其最终决定的审计调整金额的满意度也最低。如果审计师同样能够以上述标准作为感知客户谈判决策的依据，那么我们就可以提出如下假设。

H4：客户使用逐步让步策略时，审计师感知的客户对其最终决定的审计调整金额的满意度将会显著高于客户使用初始让步策略和最终让步策略时的情况；客户使用初始让步策略时，审计师感知的客户对其最终决定的审计调整金额的满意度将会显著高于客户使用最终让步策略时的情况。

2）审计师感知的客户续聘意愿

对于审计师来讲，高质量地完成审计工作固然是十分重要的，但保持与客户的良好合作关系也十分重要，因此准确感知客户的续聘意愿，对审计师做出有利于双方关系发展的最终谈判决策具有重要意义。客户的续聘意愿受到自身对最终调整金额的满意度的影响，客户对审计师最终谈判决策的满意度越高，继续聘用该审计师所属会计师事务所提供审计服务的意愿也就越强。

结合对上述审计师感知的客户对最终调整金额的满意度的假设分析，当客户使用逐步让步策略时，审计师最终决定的审计调整金额将是最低的，因此客户对最终调整金额的满意度将会最高，进而对审计师产生较高的续聘意愿。当客户使用最终让步策略时，审计师最终决定的审计调整金额将是最高的，因此客户对最终调整金额的满意度将会最低，进而对审计师产生较低的续聘意愿。而当客户使用初始让步策略时，客户对审计师的续聘意愿居中。如果审计师能够准确感知客户的续聘意愿，我们就可以提出以下假设。

H5：客户使用逐步让步策略时，审计师感知的客户续聘意愿将会显著高于客户使用初始让步策略和最终让步策略时的情况；客户使用初始让步策略时，审计师感知的客户续聘意愿将会显著高于客户使用最终让步策略时的情况。

5.4 研究方法

5.4.1 实验设计和被试

研究审计谈判问题最合适的方法就是实验研究方法。审计谈判的相关资料和数据通常是不容易获得的，因此很难通过公开数据了解审计师或客户的心理和行为。这种情况下，采用实验方法模拟审计谈判情境，通过对实验自变量的操纵和因变量的测量，不但可以了解审计谈判过程和谈判结果的整体状况，还可以找出变量之间的因果关系、提炼审计谈判行为理论。

本小节主要介绍了实验设计。第一部分是实验的总体设计和被试的选择；第二部分是实验任务和实验过程；第三部分是本实验将要检验的自变量和因变量。

5.4.1.1 实验总体设计

实验研究的根本目的是对自变量和因变量之间的因果关系进行客观、准确的反映，而良好的实验设计是实现这一目的的前提。

本研究采取了3×1的被试间实验设计。两个实验因素分别是客户使用的让步策略和审计谈判问题：其中客户使用的让步策略包括三个水平，即初始让步策略、逐步让步策略和最终让步策略；而审计谈判问题在三个实验组中始终保持在一个水平上。根据研究问题的需要，本实验将全体被试随机分配在三个不同的让步策略组中，通过对比三个被试组之间的谈判决策和结果，检验不同的让步策略对审计师谈判决策的影响。研究采用被试间实验设计的优点在于：①在被试间实验设计中，由于每个被试只接受一个水平的实验处理，在一个水平上就可以获得大量的实验数据；②能够使单一水平的实验处理在短时间内完成，避免被试因为时间过长而产生疲劳；③排除了被试内设计中，因被试接受几种水平的实验处理而导致的学习效应。

为了避免自变量以外的因素对实验结果产生干扰，本实验对被试进行了随机分组。可能对实验结果产生影响的因素主要是被试的职位及经验，如果不同实验组之间被试职位和经验的测量结果检验不存在显著性差异，就可以认为本实验的被试实现了随机分配，除自变量以外各组被试的初始条件均相同。因此，可以合理推断审计师谈判决策的差异是由客户使用不同的谈判让步策略引起的。

5.4.1.2 被试

实验研究中，选择与研究问题相匹配的被试对实验结果的可靠性和实验的外部效度至关重要。实验的内部效度指的是研究自变量与因变量之间因果关系的明确程度，当因变量的变化能够明确地归于所操纵的自变量时，就可以认为实验具有内部效度。而实验的外部效度则是指在研究中使用样本得出的实验结论能够普遍推论到总体中的程度的高低。如果说实验设计主要负责实验内部效度的提高，那么被试选择就主要解决实验外部效度的问题。只有选择切合研究目的的被试才能得出可信的实验结论，才能在更广泛的总体范围内推广所得的实验结论，使研究具有理论意义和现实意义。

审计谈判是在特殊环境下进行的一项具有较强职业背景的谈判活动，审计谈判实验研究必须选择有审计实践经验的人员，并且是在实际工作中参与过审计谈判且熟悉审计谈判的级别较高的会计师事务所合伙人或审计经理。由于某一家会计师事务所中符合条件的被试数量不能满足本研究的需求，同时考虑到不同的规模、组织结构和地区的会计师事务所的审计师判断可能会有差异，因此在选择实验被试过程中我们首先联系了四大会计师事务所和其他6家国内排名前100的会计师事务所，并向会计师事务所负责人说明了实验实施的目的、被试需要满足的条件、实验所需时间和实施方式。通过沟通，有6家会计师事务所同意参与此项实验，其中3家属于四大会计师事务所，3家为国内排名前100的会计师事务所。在同意参与本项实验研究的每一家会计师事务所中，我们首先确定了一个实验负责人，由实验负责人在各自负责的会计师事务所内部选择符合本实验要求的且具有丰富谈判经验的审计师。当然，我们要求实验负责人不能将实验实施的目的提前告知参与实验的审计师，以防在实验过程中因被试产生需求效应而影响实验结果。

最终，6家会计师事务所的71名审计师参与了此次实验，其中包括：合伙人5名、部门经理21名、项目经理45名。各级别被试的平均审计工作经验分别为：合伙人79.2个月、部门经理98.96个月、项目经理77.79个月。各级别被试对审计谈判的熟悉程度均值分别为：合伙人8、部门经理6.83、项目经理6.47。参与此项实验的全体被试均具有审计师资格且均为签字审计师。将71名被试进行随机分组以后，各组被试的数量分别为：初始让步组23名，逐步让步组23名，最终让步组25名。各组被试的背景信息将在5.5.1.1做出具体分析。

5.4.2 实验任务及过程

本节主要就实验任务和实验过程这两个问题来介绍实验研究的具体实施手段、方法和步骤。

5.4.2.1　实验任务

本实验研究的目的是检验客户使用的不同谈判让步策略对审计师谈判决策的影响，这就要求实验设计必须构造出一个审计师和客户具有偏好冲突并且存在谈判空间的审计调整问题作为谈判任务。在对以往审计谈判研究的实验任务进行分析、对比后，本实验研究设计了一个会计准则上没有相应的明确规定，而需要审计师做出判断的审计调整案例。这个审计调整案例涉及一组固定资产减值准备的计提数额的确定，并且在客户本年度的财务报表外勤审计工作中，审计师仅发现了这一项需要调整的影响审计意见类型的事项。一方面，对该组固定资产计提减值准备会导致客户本年度盈利数额的减少；另一方面，可能影响客户方管理层薪酬的实现，因此客户必然反对计提固定资产减值准备。但审计师需要合理保证客户财务报表的公允性，在该组固定资产确实已经发生损坏的情况下，就必然要求客户计提固定资产减值准备。审计师和客户在解决此项固定资产减值准备计提问题方面存在的偏好冲突，导致双方需要通过审计谈判来寻求解决途径。此外，在客户本年度的财务报表中，会计人员已经将该组损坏固定资产的维修和价值变化作为固定资产更新改造进行了会计处理，但审计师认为，该组固定资产的损坏是由于最初的设计问题引起的，因此初始入账价值并不恰当，必须计提固定资产减值准备。考虑到该组资产中各项设备的损坏程度不同，因此确定了一个可以接受的固定资产减值准备计提区间2700万~4500万元，区间内审计师可以接受的固定资产减值准备计提数额均超过了此次审计的重要性水平。因此，客户和审计师在该组固定资产减值准备的最终计提金额方面存在谈判空间，可以通过审计谈判协商最终的计提数额。

在进行正式实验之前，我们对上述谈判任务案例进行了预试。有7位会计师事务所的合伙人和经理参与了预试，并在预试结束后针对上述谈判任务案例提出了自己的意见和建议。从各位预试参与者所判断的固定资产减值准备计提金额来看，差异较大且有按最高4500万元计提和完全放弃计提的极端值出现，证明该调整事项的主观性的确很强，适合审计师和客户双方通过审计谈判来协商确定最终的计提金额。

我们向各组被试提供的实验材料当中，首先介绍了客户的基本情况。根据实验材料的描述，该客户是一家信息技术业的上市公司，并且实验材料对该公司的主营业务、近几年的经营业绩、内部控制、公司治理、绩效评价、盈利目标、本年度基本财务指标等信息都做出了适当描述。接下来，对谈判双方具有争议的减值准备计提事项进行了描述，并提供了会计师事务所从事外勤审计工作的审计师的看法。最后，要求被试以会计师事务所合伙人或经理的身份，与客户的财务主管就最终的固定资产减值准备计提金额进行谈判。

5.4.2.2 实验过程

为了更好地控制实验过程，我们要求各会计师事务所的实验负责人监督被试独立完成实验。并且本实验研究并没有让被试与真正的客户方财务主管沟通，而是由一个研究人员扮演财务主管与被试通过电子邮件进行了谈判沟通，这种方式的优点在于：①同一个研究人员与所有被试进行谈判，可以保持客户方财务主管的态度、语气、文字处理等可能影响谈判者心理的因素处于同一水平，避免影响实验效果；②局限于实验模拟的固有缺陷，电子邮件已经是短时间内能够完成整个谈判过程的最接近真实谈判的模拟方式，也是目前国际上从事审计谈判实验研究的学者普遍认可的实验实施手段。

本项实验研究的全过程包括实验准备过程和实验实施过程两个阶段。在实验准备过程中，各会计师事务所的实验负责人选定了符合要求的被试之后，会向研究者提供该被试的联系方式。为了保证实验模拟的真实性，使被试相信与其进行谈判的是真正的客户方财务主管，因此扮演客户方财务主管的研究人员仅负责与被试进行审计谈判，除此之外与被试的联系工作均由其他研究者负责。收到被试的联系方式后，其他研究者将对被试进行随机分组并提前向该被试发送实验材料，保证被试有充足的时间熟悉实验材料并进行思考。同时，其他研究者要与被试确定具体实验时间，以保证在某一时间段内只有一个被试与扮演客户方财务主管的研究人员进行谈判，并保证被试能够在一个完整的时间段内不被打扰地完成实验。

而实验的正式实施过程会在商定好的实验时间开始。实验开始后，被试首先需要按照实验材料的要求，向扮演客户方财务主管的研究人员发送电子邮件表明审计师最谨慎的立场，即计提固定资产减值准备4500万元。这一步骤一方面是为了加强实验的真实性，因为在实际审计工作中，审计师需要事先告知客户需要调整的事项和审计师认为最恰当的调整金额；另一方面，也可以给被试一个准备和进入角色的过程。此后，四轮审计谈判过程正式开始。扮演客户方财务主管的研究人员要按照被试所属的谈判策略组，使用既定的谈判让步策略与审计师通过邮件发送对该项固定资产减值准备计提问题的看法、指出各方认为恰当的固定资产减值准备计提金额。当被试在第四轮谈判结束时做出最终的审计调整决策后，其他研究者会向其发送实验后的问卷，用以收集除谈判过程和谈判结果外的其他变量和人口统计信息，并且要求被试在填写完成后将问卷发送回研究者的邮箱。

所有被试的谈判过程均控制在一个小时之内，加上填写问卷及人口统计信息，整个实验过程大约为70分钟。

5.4.3　自变量、因变量及其测量

5.4.3.1　自变量

本实验的自变量是客户使用的让步策略，共有三个水平：初始让步策略、逐步让步策略和最终让步策略。由于客户编制财务报表时将审计谈判涉及的固定资产减值准备计提事项作为更新改造处理，因此客户最初的谈判立场不计提任何固定资产减值准备。本实验控制了客户在谈判中的让步数额，无论使用哪种让步策略的客户在整个谈判过程中的让步金额均为1500万元，因此在谈判结束时各让步策略组的客户愿意调整的审计调整金额均为1500万元。使用各种让步策略的客户在审计谈判过程中的具体让步时间安排如表5-3所示。

表 5-3　不同让步策略组的客户在各轮谈判中同意调整的金额

单位：万元

各轮谈判	初始让步策略	逐步让步策略	最终让步策略
第一轮谈判	1500	0	0
第二轮谈判	1500	600	0
第三轮谈判	1500	1200	0
第四轮谈判	1500	1500	1500

为了更好地区分初始让步策略的效果，检验不同让步策略下审计师首轮提出的审计调整金额的差异，本实验将逐步让步策略设计为在第二轮谈判做出让步。这样的设计能够更好地体现初始让步策略与其他两种策略在第一轮谈判中的差异。此外，逐步让步策略下客户在第二轮谈判和第三轮谈判中的让步金额远大于第四轮的让步金额，既使逐步让步策略在谈判过程中与另外两种谈判策略具有明显不同的特点，又使最终让步策略在第四轮谈判中的大额让步的特点更加显著。

5.4.3.2　因变量

本实验检验了两个层次的因变量：第一个层次是审计师的直接谈判决策，包括审计师的谈判让步次数、审计师最终决定的审计调整金额和审计师对客户的满意度；第二个层次是审计师感知的客户谈判决策，包括审计师感知的客户对最终调整金额的满意度和审计师感知的客户续聘意愿。

在审计师的直接谈判决策中，审计师最终决定的审计调整金额直接取自被试与客户谈判时的首次报价和最终报价，审计师的谈判让步次数是通过被试在谈判过程改变要求的审计调整金额的次数计算得出，而审计师对客户的满意度则是通过实验后问卷中的问题测量得出：“谈判完成后，您对A公司财务主管的满意程度

如何？”

审计师感知的客户谈判决策均通过实验后问卷中的相应问题来测量。其中，审计师感知的客户对最终调整金额的满意度通过问题来测量：“您认为，A公司财务主管对您最终决定数额的满意程度如何？”而审计师感知的客户续聘意愿则是通过问题来测量：“您认为，A公司下一年继续聘用您所在会计师事务所的可能性有多大？”

对于各项需要使用实验后问卷测量的因变量，我们都是要求被试根据自己对问题的判断，在0~10的11点量表中选出最能代表其判断结果的点。

5.5 实验结果及分析

本节主要通过分析审计谈判实验的结果，检验客户使用的不同让步策略对审计师谈判决策的影响。这一节的具体内容分为三部分：第一部分是对被试基本信息的分析及对被试职位和经验的随机检查；第二部分是对客户使用的不同让步策略对审计师直接谈判决策的影响的分析；第三部分是对客户使用的不同让步策略对审计师感知的客户谈判决策的影响的分析。

5.5.1 被试分析及随机化检查

5.5.1.1 被试分析

在实验后的问卷中，我们收集了被试的相关信息，包括被试目前担任的职位及担任该职位的时间、被试从事审计职业的时间等。其中，与被试目前担任的职位及担任该职位的时间、被试从事审计职业的时间，均由被试在备选项中做出选择或根据实际情况填写；而被试的其他背景信息则在实验后的问卷中，要求被试根据自己对问题的判断，在0~10的11点量表中选出最能代表其判断结果的点。

1）目前担任的职位及担任该职位的时间

参与本实验的全体被试中，包括会计师事务所的合伙人5人，部门经理21人，项目经理45人。

不同谈判让步策略组中处于这三个职位层次的被试人数如表5-4所示。各让步策略组中合伙人的数量均最少，部门经理数量居中，而项目经理的人数最多，被试的职位构成符合会计师事务所中职位最高的合伙人较少而随着职位级别降低人数逐渐递增的情况。

表 5-4　各组中担任某职位的被试人数及比例

被试	初始让步策略	逐步让步策略	最终让步策略	合计
合伙人	2（8.7%）	1（4.4%）	2（8.0%）	5（7.0%）
部门经理	7（30.4%）	5（21.7%）	9（36.0%）	21（29.6%）
项目经理	14（60.9%）	17（73.9%）	14（56.0%）	45（63.4%）
合计	23	23	25	71

三个让步策略组中处于不同职位层次的被试担任目前职位时间的描述性统计如表5-5所示。

表 5-5　各组中不同职位层次的被试担任目前职位时间的描述性统计

让步策略组	职位	样本量（N）/人	均值（mean）/月	标准差（std. deviation）/月	最小值（minimum）/月	最大值（maximum）/月
初始让步策略组	合伙人	2	42.00	8.49	36.00	48.00
	部门经理	7	34.86	21.31	12.00	66.00
	项目经理	14	51.64	36.05	12.00	120.00
逐步让步策略组	合伙人	1	34.00	34.00	34.00	34.00
	部门经理	5	63.40	46.00	24.00	129.00
	项目经理	17	37.35	28.93	2.00	96.00
最终让步策略组	合伙人	2	42.50	24.75	25.00	60.00
	部门经理	9	51.56	46.38	14.00	132.00
	项目经理	14	28.50	30.08	2.00	102.00
合计		71	42.04	33.57	2.00	132.00

2）从事审计职业的时间

三个让步策略组中被试从事审计职业时间的描述性统计如表5-6所示。被试总体从事审计职业的时间均值为84.07个月，最小值为12个月，最大值为213个月。全体被试从事审计职业的时间均较长，具有较丰富的审计职业经验。

表 5-6　被试从事审计职业时间的描述性统计

让步策略组	样本量/人	均值/月	标准差/月	最小值/月	最大值/月
初始让步策略组	23	87.26	34.80	27.00	154.00
逐步让步策略组	23	86.22	49.12	12.00	213.00
最终让步策略组	25	79.16	42.04	18.00	168.00
合计	71	84.07	41.93	12.00	213.00

5.5.1.2 随机化检查

被试是否实现了随机化分组是实验能否得出可靠结论的重要影响因素。因此，在对具体实验结果进行统计和检验之前，首先需要分析被试的随机化分组情况。在本实验中，可能对被试的谈判决策产生影响的人口统计变量主要为被试目前的职位及经验。如果对被试担任的职位、担任该职位的时间、从事审计职业的时间及对审计谈判的熟悉程度进行的随机化检查表明各组被试在上述方面不存在显著差异，那么就可以认为各组被试除了受到客户不同谈判让步策略的影响之外，其他实验的初始条件都是相同的，检验得出的实验结果及结论是可信的。

1）目前担任职位的随机化检查

为了检验不同谈判让步策略组的被试在职位构成上是否存在显著性差异，我们使用列联表进行了卡方检验。表5-7的卡方检验结果表明，各谈判让步策略组中不同职位等级的被试所占比例并不存在显著差异（Pearson卡方为1.83，双侧近似p值为0.767），说明不同职位的被试实现了随机化分组。

表 5-7　被试职位的卡方检验

项目	值	自由度	双侧近似 p 值
Pearson 卡方	1.83[a]	4	0.767
对数似然比	1.88	4	0.759
线性相关	0.07	1	0.795
样本量	71		

a 3 个单元（33.3%）的期望频数小于 5，最小的期望频数为 1.62

2）担任该职位时间的随机化检查

为了检验三个组被试担任目前职位的时间是否存在显著性差异，我们首先汇总了不分职位等级时，被试担任目前职位的时间，如表5-8所示。随后，使用单因素方差分析法对各让步策略组中被试担任目前职位的时间进行了检验，如表5-9所示。单因素方差分析结果表明，各组被试担任目前职位的时间不存在显著性差异（F=0.325，p=0.723），说明担任目前职位时间不同的被试实现了随机化分组。

表 5-8　不分职位等级时被试担任目前职位时间的描述性统计

让步策略组	样本量/人	均值/月	标准差/月	最小值/月	最大值/月
初始让步策略组	23	45.70	30.92	12.00	120.00
逐步让步策略组	23	42.87	33.41	2.00	129.00
最终让步策略组	25	37.92	36.82	2.00	132.00
合计	71	42.04	33.57	2.00	132.00

表 5-9　被试担任目前职位时间的单因素方差分析

方差来源	平方和	自由度	均方	F值	p值
组间	747.56	2	373.78	0.325	0.723
组内	78 133.32	68	1 149.02		
合计	78 880.87	70			

3）从事审计职业时间的随机化检查

为了检验各让步策略组中被试从事审计职业的时间是否存在显著差异，我们使用单因素方差分析进行了检验。结果表明，各组被试从事审计职业的时间不存在显著差异（F=0.262，p=0.770），说明从事审计职业时间不同的被试实现了随机化分组。

5.5.2　客户让步策略对审计师直接谈判决策的影响

从这一部分开始，将对研究中所提出的假设进行检验。假设检验的过程中使用的统计分析方法主要是单因素方差分析和两两比较的多重检验（最小显著性差异法，least-significant difference，LSD）。在此过程中，根据审计谈判过程中审计师在各轮要求的审计调整金额及变化与审计师对客户的满意度，检验客户不同的谈判让步策略对审计师直接谈判决策的影响。

5.5.2.1　对审计师的谈判让步次数的影响

随着审计谈判过程的不断展开，客户方财务主管或坚持计提固定资产减值准备1500万元；或逐步增加愿意计提的固定资产减值准备金额至1500万元；或一直坚持不计提固定资产减值准备，直到谈判结束前才同意计提1500万元。而审计师则根据自己的谈判立场和客户方财务主管的谈判报价及理由，决定自己是否做出让步及每一轮谈判中要求的固定资产减值准备金额。根据审计师是否在下一轮谈判中降低了要求客户计提的固定资产减值准备金额，我们计算了每一位被试在审计谈判过程中的让步次数。不同让步策略组的被试在审计谈判过程中的让步次数的描述性统计如表5-10所示。

表 5-10　审计师的谈判让步次数的描述性统计

让步策略组	样本量/人	均值/次	标准差/次	最小值/次	最大值/次
初始让步策略组	23	1.39	0.84	0	3
逐步让步策略组	23	1.91	0.85	1	3
最终让步策略组	25	0.68	0.75	0	2
合计	71	1.31	0.95	0	3

为了检验不同让步策略组的被试在审计谈判过程中的让步次数是否存在显著性差异，首先使用单因素方差分析对三组被试在谈判过程中的让步次数均值进行了检验。检验结果显示，三组被试在审计谈判过程中的让步次数的均值之间差异显著（F=14.01，p=0.000）。为了明确各组被试的让步次数之间的具体比较关系，又使用最小显著性差异法对各组被试在审计谈判过程中的让步次数的均值进行了两两多重比较。多重比较的结果如表5-11所示。

表 5-11 各组审计师的谈判让步次数均值的多重比较

LSD

让步策略（I）	让步策略（J）	平均差（mean difference）（I-J）	标准误（std. error）	p 值	90%置信区间	
					下限	上限
初始让步	逐步让步	−0.52*	0.24	0.033	−0.92	−0.12
	最终让步	0.71*	0.23	0.003	0.32	1.10
逐步让步	初始让步	0.52*	0.24	0.033	0.12	0.92
	最终让步	1.23*	0.23	0.000	0.84	1.62
最终让步	初始让步	−0.71*	0.23	0.003	−1.10	−0.32
	逐步让步	−1.23*	0.23	0.000	−1.62	−0.84

* 平均差在 10%的水平上显著

结合描述性统计和多重比较检验结果可以看出，逐步让步策略组的被试在审计谈判过程中的让步次数显著多于初始让步策略组（平均差=0.52，p=0.033），而逐步让步策略组的被试在审计谈判过程中的让步次数也显著多于最终让步策略组（平均差=1.23，p=0.000），此外初始让步策略组的被试在审计谈判过程中的让步次数也显著多于最终让步策略组（平均差=0.71，p=0.003）。这一结果支持了假设H1。

上述实验结果分析说明，积极互惠原则和消极互惠原则相结合的完全互惠理论会使客户不同的让步策略对审计师的谈判决策和行为产生影响。当客户在谈判中做出让步时，审计师在心理上会感觉到有责任做出互惠行为，并做出实际的让步行动；当客户坚持自己在上一轮的报价时，审计师同样可能模仿客户的行为而坚持不做出让步。如果客户在谈判过程中多次且连续增加愿意计提的固定资产减值准备，不但为审计谈判营造了良好的合作氛围，还很可能使审计师在谈判中也较多次地降低要求计提的固定资产减值准备金额。当客户仅在谈判开局时做出让步，而此后始终坚持计提1500万元固定资产减值准备金额时，审计师同样看到了客户的合作意愿并产生了客户在下一轮谈判中将继续做出让步的期望。此时，审计师在剩余的谈判时间中很可能做出一定的让步。但是当客户直到谈判结束前才同意计提1500万元的固定资产减值准备金额时，审计师会因为客户的强硬态度而实施报复，同样坚持自己的初始谈判立场而不愿降低要求计提的固定资产减值准备金额。这样就使逐步让步策略组的审计师在审计谈判过程中的让步次数显著多于初始让步策略组和最终让步策略组，而初始让步策略组的审计师在审计谈判过程中的让步次数又显著多于最终让步策略组。

5.5.2.2 对审计师最终决定的审计调整金额的影响

随着实验研究中审计谈判过程的逐步推进，审计师和客户方财务主管在谈判中相互交流各自对固定资产减值准备会计处理的看法，并明确提出各方认为恰当的固定资产减值准备计提金额。在这一过程中，审计师不断接收来自客户方财务主管的信息和报价、感知客户方财务主管使用的谈判策略，并且制定自己的谈判策略，对客户方财务主管的信息和报价做出回应，直到审计师在谈判结束时决定最终要求客户计提的固定资产减值准备金额。根据审计谈判实验过程中审计师在各轮谈判中要求客户做出的审计调整金额均值（表5-12），我们绘制了三种让步策略下审计师要求的调整金额变化图。如图5-9所示，各轮谈判中审计师在三种让步策略下要求客户做出的审计调整金额曲线明显不同，并且最终决定的审计调整金额也存在显著差异。

表 5-12 各轮谈判要求客户做出的审计调整金额均值

单位：万元

各轮谈判	初始让步策略	逐步让步策略	最终让步策略
第一轮谈判	4139	4478	4500
第二轮谈判	3948	3859	4464
第三轮谈判	3665	3274	4206
第四轮谈判	3030	2326	3624

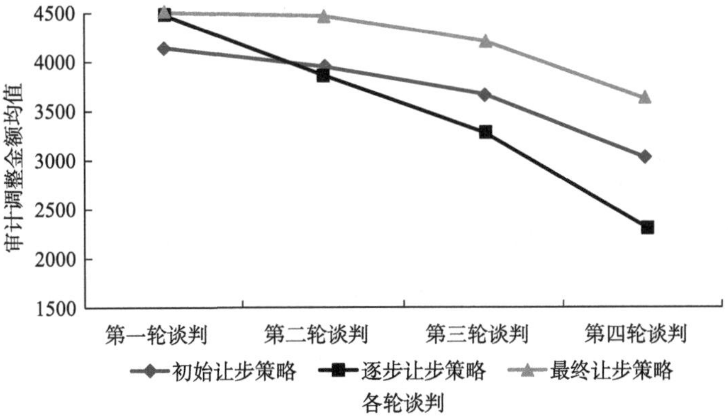

图 5-9 三个让步策略组审计师的审计调整金额的变化

不同让步策略组的被试在谈判结束时最终决定要求客户计提的减值准备金额的描述性统计如表5-13所示。

表 5-13　审计师最终决定的审计调整金额的描述性统计

让步策略组	样本量/人	均值/万元	标准差/万元	最小值/万元	最大值/万元
初始让步策略组	23	3030	864	1500	4500
逐步让步策略组	23	2326	714	1500	3600
最终让步策略组	25	3624	955	2000	4500
合计	71	3011	998	1500	4500

为了检验不同让步策略组的被试在谈判结束时最终要求客户做出的审计调整金额是否存在显著性差异，首先使用单因素方差分析法对三组被试最终决定的审计调整金额进行了检验。结果显示，三组被试最终决定的审计调整金额的均值之间存在显著性差异（F=13.86，p=0.000）。为了明确各组被试在审计谈判结束时最终要求客户调整的金额之间的具体比较关系，又使用最小显著性差异法对各组被试在审计谈判结束时的最终审计调整决策的均值进行了两两多重比较。多重比较的结果如表5-14所示。

表 5-14　各组审计师最终决定的审计调整金额均值的多重比较

LSD

让步策略（I）	让步策略（J）	平均差（I-J）	标准误	p 值	90%置信区间	
					下限	上限
初始让步策略	逐步让步策略	7.04*	2.52	0.007	2.85	11.24
	最终让步策略	−5.94*	2.47	0.019	−10.05	−1.82
逐步让步策略	初始让步策略	−7.04*	2.52	0.007	−11.24	−2.85
	最终让步策略	−12.98*	2.47	0.000	−17.09	−8.87
最终让步策略	初始让步策略	5.94*	2.47	0.019	1.82	10.05
	逐步让步策略	12.98*	2.47	0.000	8.87	17.09

* 平均差在 10%的水平上显著

结合描述性统计和多重比较检验结果可以看出，逐步让步策略组的被试在谈判结束时最终决定的审计调整金额显著低于初始让步策略组（平均差=−7.04，p=0.007），并且逐步让步策略组的被试在谈判结束时最终决定的审计调整金额也显著低于最终让步策略组（平均差=−12.98，p=0.000），而初始让步策略组的被试在谈判结束时最终决定的审计调整金额显著低于最终让步策略组（平均差=−5.94，p=0.019）。这一结果支持了假设H2。

经恰当调整的客户财务报表能够反映其真实的财务状况和经营成果，因此审计师最终决定的审计调整金额是其在谈判中做出的最为重要的谈判决策，直接影响财务报表的信息质量和审计质量。上述实验结果分析说明，审计师在审计谈判结束时最终要求客户做出的审计调整金额会受到客户不同的谈判让步策略的影响，且符合以互惠理论为基础的假设预期。当客户在谈判过程中逐步增加愿意计提的固定资产减值准备金额时，审计师也随之不断降低审计调整金额，双方的互惠合作不但使他们的关系长期稳定地维持下去，而且给使用逐步让步策略的客户带来了最符合其期望的谈判结果，使审计师在谈判结束时要求的审计调整金额最低。而当客户使用初始让步策略时，客户方财务主管在谈判一开始的主动让步很可能得到审计师的互惠性回报，因此获得了对其有利的谈判开局。但谈判继续进行时客户不再让步，使其最终取得的谈判结果较差，审计师最终要求客户计提的固定资产减值准备金额较多。而当客户在谈判过程中始终坚持自己的初始谈判立场，直到结束前才增加愿意计提的固定资产减值准备金额时，审计师会认为客户缺乏诚意，最终做出的让步也只是为了避免谈判破裂。这种情况下，审计师也会表现出强硬的态度，最终要求客户做出最多的审计调整。综合以上影响，当审计谈判结束时，逐步让步策略组的审计师最终要求客户做出的审计调整金额显著低于初始让步策略组和最终让步策略组，而初始让步策略组的审计师最终要求客户做出的审计调整金额又显著低于最终让步策略组。

5.5.2.3 对审计师对客户的满意度的影响

当整个审计谈判过程结束后，审计师和客户就要执行谈判达成的协议，对客户的财务报表做出调整。但实际上，审计谈判双方在谈判过程中的信息交换和策略使用不但影响了审计谈判的结果，还影响了谈判各方的社会心理反应。审计师最终决定的审计调整金额与客户偏好的谈判结果之间的差距越大，审计师与客户在审计谈判过程中的冲突越激烈，谈判结束时审计师对客户的满意度越低。此外，当谈判过程有良好的合作氛围时，谈判结束时审计师对客户具有较高的满意度；而如果谈判过程中双方态度强硬或勉强相让，在谈判结束时审计师对客户的满意度就比较低。

为了了解审计谈判中客户使用的不同的谈判让步策略如何影响审计师谈判后对客户满意度的高低，在谈判后问卷中设计了问题："谈判完成后，您对A公司财务主管的满意程度如何？"以此测量各组审计师的满意度。由被试按照自身的判断在0~10的11点量表中做出选择，其中0代表"不满意"，10代表"非常满意"。审计谈判结束后，不同让步策略组的被试对客户的满意度的描述性统计如表5-15所示。

表 5-15 审计师对客户的满意度的描述性统计

让步策略组	样本量/人	均值	标准差	最小值	最大值
初始让步策略组	23	5.30	2.46	1	9
逐步让步策略组	23	6.39	1.97	2	10
最终让步策略组	25	4.24	1.74	1	7
合计	71	5.28	2.22	1	10

为了检验不同让步策略组的被试在谈判结束后对客户的满意度是否存在显著差异，首先使用单因素方差分析法对三组被试对客户的满意度进行了检验。结果显示，三组被试在审计谈判结束后对客户的满意度的均值存在显著差异（F=6.48，p=0.003）。为了明确各组被试在审计谈判结束后对客户的满意度之间的具体比较关系，又使用最小显著性差异法对各组被试在审计谈判结束后的满意度的均值进行了两两多重比较。多重比较的结果如表5-16所示。

表 5-16 各组审计师对客户的满意度均值的多重比较

LSD

让步策略（I）	让步策略（J）	平均差（I-J）	标准误	p 值	90%置信区间	
					下限	上限
初始让步	逐步让步	−1.09*	0.61	0.079	−2.10	−0.07
	最终让步	1.06*	0.60	0.079	0.07	2.06
逐步让步	初始让步	1.09*	0.61	0.079	0.07	2.10
	最终让步	2.15*	0.60	0.001	1.15	3.15
最终让步	初始让步	−1.06*	0.60	0.079	−2.06	−0.07
	逐步让步	−2.15*	0.60	0.001	−3.15	−1.15

* 平均差在 10%的水平上显著

结合描述性统计和多重比较检验结果可以看出，逐步让步策略组的被试在谈判结束后对客户的满意度显著高于初始让步策略组（平均差=1.09，p=0.079），并且逐步让步策略组的被试在谈判结束后对客户的满意度也显著高于最终让步策略组（平均差=2.15，p=0.001），而初始让步策略组的被试在谈判结束后对客户的满意度也显著高于最终让步策略组（平均差=1.06，p=0.079）。这一结果支持了假设H3。

上述实验结果分析说明，审计师在审计谈判结束后对客户的满意度符合互惠理论预期，会受到客户让步策略的影响。当客户在谈判过程中逐步增加愿意计提的固定资产减值准备金额时，审计师会将谈判视为是公平且富有成效的，并在谈判过程中做出让步，逐步降低要求计提的固定资产减值准备金额。这不但使审计师最终决定的审计调整金额最低，而且使谈判有最佳的合作氛围，从而让审计师产生了最高的满意度。当客户始终坚持自己的初始立场直到谈判即将结束才做出让步时，审计师也会坚持自身的要求，并且对对手的强硬态度产生不满和为了避免审计谈判最终破裂而勉强做出让步，使审计师最终决定的审计调整金额最高，而满意度最低。而当客户使用初始让步策略时，财务主管在谈判一开始的主动让步使审计师做出了同样的互惠性让步并感到其表达了良好的合作意愿，但由于客户在后续谈判过程中坚持不再做出让步，使该组审计师的满意度显著低于逐步让步组，但显著高于最终让步组。

5.5.3　客户让步策略对审计师感知的客户谈判决策的影响

审计师感知的客户的谈判决策，实际上是审计师站在客户的角度对谈判过程和结果做出的审视。因此，审计师感知的客户的谈判决策并不是通过谈判过程直接取得的，而是在谈判结束后使用问卷收集得到的。在审计谈判结束以后，各让步策略组的审计师都需要按照问题要求对客户的谈判决策进行感知，并在0~10的11点量表中选出最符合其判断结果的点。在本部分的检验中，我们所使用的因变量就是谈判后问卷测量的最能代表审计师判断结果的量表数值。

5.5.3.1　对审计师感知的客户对最终调整金额的满意度的影响

客户对审计师最终调整决策的满意度取决于审计师最终决定的审计调整金额的大小。当要求审计师站在客户角度对这一满意度进行感知时，审计师仍然会以此为标准做出判断。在审计谈判过程中，客户使用的不同的谈判让步策略会影响审计师在谈判中的让步次数和最终决定的审计调整金额（见5.5的实验结果及其分析），也很可能影响到审计师对客户判断的感知。当审计师在谈判中做出的让步越多时，最终决定的审计调整金额就越少，可以预期客户对最终谈判决策的满意度将越高。并且，审计师感知的客户对最终调整决策的满意度将会随着最终调整决策金额的增加而降低。

为了了解审计谈判中客户使用不同的谈判让步策略如何影响审计师感知的客户对最终审计调整决策的满意度，我们在谈判后的问卷中设计了问题："您认为，A公司财务主管对您最终决定数额的满意程度如何？"以此测量各组审计师感知的客户对最终审计调整决策的满意度。由被试按照自身的判断在0~10的11点量表中做出选择，其中0代表"不满意"，10代表"非常满意"。审计谈判结束后，不同让步策略组被试感知的客户对最终审计调整决策满意度的描述性统计如表5-17所示。

表 5-17 审计师感知的客户对最终调整金额满意度的描述性统计

让步策略组	样本量/人	均值	标准差	最小值	最大值
初始让步策略组	23	4.57	2.74	0	9
逐步让步策略组	23	5.96	2.77	0	10
最终让步策略组	25	4.00	2.16	0	8
合计	71	4.82	2.66	0	10

为了检验不同让步策略组被试感知的客户对最终审计调整决策的满意度是否存在显著差异，我们首先使用单因素方差分析法对三组被试感知的客户对最终审计调整决策的满意度进行了检验。检验结果显示，三组被试在审计谈判结束后感知的客户对最终审计调整决策的满意度的均值之间差异显著（F=3.66，p=0.031）。为了明确各组被试感知的客户对最终审计调整决策的满意度之间的具体比较关系，我们又使用最小显著性差异法对各组被试在审计谈判结束后感知的客户对最终审计调整决策的满意度的均值进行了两两多重比较。多重比较的结果如表5-18所示。

表 5-18 各组审计师感知的客户对最终调整金额满意度均值的多重比较

LSD

让步策略（I）	让步策略（J）	平均差（I-J）	标准误	p 值	90%置信区间	
					下限	上限
初始让步	逐步让步	−1.39*	0.76	0.070	−2.65	−0.13
	最终让步	0.57	0.74	0.448	−0.67	1.80
逐步让步	初始让步	1.39*	0.76	0.070	0.13	2.65
	最终让步	1.96*	0.74	0.010	0.72	3.19
最终让步	初始让步	−0.57	0.74	0.448	−1.80	0.67
	逐步让步	−1.96*	0.74	0.010	−3.19	−0.72

* 平均差在 10%的水平上显著

结合描述性统计和多重比较检验结果可以看出，逐步让步策略组的被试在谈判结束后感知的客户对最终审计调整决策的满意度显著高于初始让步策略组（平均差=1.39，p=0.070），并且逐步让步策略组的被试在谈判结束时感知的客户对最终审计调整决策的满意度也显著高于最终让步策略组（平均差=1.96，p=0.010），但是初始让步策略组的被试在谈判结束时感知的客户对最终审计调整决策的满意度与最终让步策略组却不存在显著差异（平均差=0.57，p=0.448）。因此，这一结果仅部分支持了假设H4。

上述实验结果分析说明，审计师在审计谈判结束后感知的客户对最终审计调整决策的满意度会受客户使用的让步策略的影响。当客户在谈判过程中逐步增加愿意计提的固定资产减值准备金额时，受互惠心理的影响，审计师也会在谈判中做出最大数额的让步，并在谈判结束时决定让客户做出的审计调整金额最小。此时，审计师感知的客户对最终审计调整决策的满意度也是最高的。而当客户仅在谈判过程中做出一次让步时，无论让步是在谈判开始还是在谈判结束做出，审计师在谈判中做出的让步数额都会低于逐步让步策略组，审计调整金额的也高于逐步让步策略组。在这种情况下，审计师感知的客户对最终审计调整决策的满意度也相应低于逐步让步策略组。但是，初始让步策略组和最终让步策略组的审计师感知的客户对最终审计调整金额的满意度并不存在显著性差异。

5.5.3.2 对审计师感知的客户续聘意愿的影响

审计谈判结束后，客户对审计师最终调整决策的满意度会影响到客户对审计师是否续聘的意愿。客户对审计师最终审计调整决策的满意度越高，继续聘用该审计师所属会计事务所提供审计服务的意愿也就越强。因此，客户对审计师的续聘意愿也取决于审计师最终要求的调整金额的多少。当审计师最终要求的审计调整金额越多时，客户继续聘用该会计师事务所审计师的意愿就越低。

为了了解审计谈判中客户使用的不同谈判让步策略如何影响审计师感知的客户的续聘意愿，在谈判后的问卷中设计了问题："您认为，A公司下一年继续聘用您所在会计师事务所的可能性有多大？"以此测量各组审计师感知的客户的续聘意愿。由被试按照自身的判断在0~10的11点量表中做出选择，其中0代表"没有可能"，10代表"非常可能"。审计谈判结束后，不同让步策略组被试感知的客户续聘意愿的描述性统计如表5-19所示。

表 5-19 审计师感知的客户续聘意愿的描述性统计

让步策略组	样本量/人	均值	标准差	最小值	最大值
初始让步策略组	23	6.61	1.47	5	9
逐步让步策略组	23	7.52	2.04	2	10
最终让步策略组	25	5.28	1.75	2	8
合计	71	6.44	1.98	2	10

为了检验不同让步策略组被试感知的客户的续聘意愿是否存在显著差异，首先使用单因素方差分析法对三组被试感知的客户的续聘意愿进行了检验。结果显示，三组被试在审计谈判结束后感知的客户的续聘意愿的均值之间存在显著差异（F=9.80，p=0.000）。为了明确各组被试感知的客户的续聘意愿之间的具体比较关系，又使用最小显著性差异法对各组被试在审计谈判结束后感知的客户的续聘

意愿均值进行了两两多重比较。多重比较的结果如表5-20所示。

表 5-20 各组审计师感知的客户续聘意愿均值的多重比较

LSD

让步策略（I）	让步策略（J）	平均差（I-J）	标准误	p 值	90%置信区间	
					下限	上限
初始让步	逐步让步	−0.91*	0.52	0.084	−1.78	−0.04
	最终让步	1.33*	0.51	0.011	0.48	2.18
逐步让步	初始让步	0.91*	0.52	0.084	0.04	1.78
	最终让步	2.24*	0.51	0.000	1.39	3.09
最终让步	初始让步	−1.33*	0.51	0.011	−2.18	−0.48
	逐步让步	−2.24*	0.51	0.000	−3.09	−1.39

* 平均差在 10%的水平上显著

结合描述性统计和多重比较检验结果可以看出，逐步让步策略组的被试在谈判结束后感知的客户的续聘意愿显著高于初始让步策略组（平均差=0.91，p=0.084），逐步让步策略组的被试在谈判结束时感知的客户的续聘意愿显著高于最终让步策略组（平均差=2.24，p=0.000），并且初始让步策略组的被试在谈判结束时感知的客户的续聘意愿也显著高于最终让步策略组（平均差=1.33，p=0.011）。这一结果支持了假设H5。

上述实验结果分析说明，审计师在审计谈判结束后感知的客户的续聘意愿会受到客户让步策略的影响。当客户在谈判过程中逐步增加愿意计提的固定资产减值准备金额时，受互惠心理的影响，审计师也在谈判中做出最大数额的让步并在谈判结束时决定让客户做出的审计调整金额最少。此时，审计师感知的客户的续聘意愿明显是最高的。当客户始终坚持自己的初始立场直到谈判即将结束时才做出让步，审计师也会采取较强硬的态度并在谈判过程中做出最小数额的让步，因而在谈判结束时要求客户做出的审计调整金额最多。在这种情况下，审计师感知的客户的续聘意愿显然是最低的。而当客户使用初始让步策略时，审计师在谈判中做出了一定数额的让步，并在审计谈判结束时要求客户做出的审计调整金额高于逐步让步策略组而低于最终让步策略组，使初始让步策略组的审计师感知的客户的续聘意愿显著低于逐步让步策略组，而显著高于最终让步策略组。

5.6　客户让步策略与审计师谈判决策的进一步分析

在此项模拟审计师与客户审计谈判的实验研究中，不但获得了5.5.2当中用于假设检验的各项因变量，还得到了一些能够使我们对审计谈判过程及审计师的谈判决策更加深入和全面了解的数据及信息。因此在本节当中，我们将利用这些数据和信息，进一步对客户使用的谈判让步策略与审计师谈判报价和策略之间的关系及审计师的其他两项谈判决策做出分析。本节的内容共分为两个部分：第一部分将对不同让步策略组中审计师的谈判报价变化和使用的谈判策略进行分析；第二部分将对没有纳入假设检验的审计师其他两项谈判决策做出分析，包括客户谈判让步策略对审计师认为其最终审计调整金额的准则符合程度的影响和对审计师感知的客户同意最终调整金额可能性的影响，以及审计师感知的客户同意最终调整金额的可能性与感知的客户对最终调整金额的满意度之间的关系。

5.6.1　审计师的谈判报价和谈判策略分析

在此项实验的审计谈判过程中，客户在每一轮谈判中愿意计提的固定资产减值准备金额是在不同让步策略下按照实验预先设计的数额进行的。不同让步策略组中客户的让步时间及让步金额具体如表5-3所示。但是，审计师则需要结合自身对谈判目标和谈判结果的预期及客户提出的报价与理由，首先判断客户的谈判立场和谈判策略，然后形成自己的谈判报价和谈判策略。因此，客户使用的不同让步策略会影响审计师在每一轮谈判中的报价，并进而影响由报价变化体现出来的谈判策略和最终的谈判结果。

5.6.1.1　审计师的谈判报价分析

审计师与客户通过审计谈判来解决双方在处理审计调整问题时发生的分歧，因此谈判结束时达成一致的审计调整金额无疑是最重要的谈判任务。但是，最终谈判结果是如何形成的，审计师和客户是如何通过谈判报价形成自身的谈判策略并应对对手的谈判策略的，这些也是审计谈判研究需要关注的问题。在实验中审计谈判开始之后，客户方财务主管会首先对审计师提出的计提4500万元固定资产减值准备做出回应，也就是提出客户对此项审计调整的看法并指明自身愿意计提的固定资产减值准备金额。然后，由审计师按照具体情况判断自己在首轮审计谈判中要求的固定资产减值准备计提金额。实验结束后，三个让步策略组的审计师在各轮谈判中的报价，即要求客户做出的审计调整金额均值（表5-12）。根据表5-12

审计师在各轮谈判中要求客户做出的审计调整金额均值，绘制了各让步策略组的审计师在各轮谈判中审计调整金额的变化（图5-9）。审计师在谈判过程中要求客户做出的审计调整金额始终在降低，不同在于客户的谈判让步策略存在差异，所示不同让步策略组中审计师在每一轮谈判中让步的数量有所不同。

首先，对审计师在第一轮谈判中要求客户做出的审计调整金额进行了单因素方差分析和多重比较。其中，单因素方差分析结果表明各组被试第一轮要求的审计调整金额均值之间差异显著（F=11.60，p=0.000），而多重比较的结果表明，初始让步策略组的被试第一轮提出的审计调整金额显著低于逐步让步策略组（平均差=−3.39，p=0.000），并且初始让步策略组的被试首轮提出的审计调整金额也显著低于最终让步策略组（平均差=−3.61，p=0.000），而逐步让步策略组的被试第一轮提出的审计调整金额与最终让步策略组并无显著差异（平均差=−0.22，p=0.794）。审计师在第一轮谈判中提出的审计调整金额不但是审计师针对客户首次报价所做的反应，它还能够体现审计师对此项审计谈判所持的态度。对审计师第一轮要求的审计调整金额的统计分析和检验说明，审计师在开始进行审计谈判时就有很强的互惠谈判意愿，并因此迅速对客户在第一轮谈判的让步或坚持做出回应。当客户在第一轮审计谈判中就主动提出愿意计提1500万元的固定资产减值准备时，审计师出于互惠的需要，也做出让步，使初始让步策略组的审计师在第一轮谈判中提出的审计调整金额较低。而当客户在第一轮谈判中坚持不计提固定资产减值准备时，审计师受互惠性谈判意愿的影响，坚持最初的谨慎立场，即要求客户计提固定资产减值准备4500万元。这样就使得初始让步策略组的审计师在首轮谈判中要求的审计调整金额显著低于逐步让步策略组和最终让步策略组，而逐步让步策略组和最终让步策略组的审计师在首轮谈判中要求的审计调整金额不存在明显差别。

其次，对审计师在第二轮谈判中要求客户做出的审计调整金额进行分析。其中，单因素方差分析结果表明各组被试第二轮要求的审计调整金额均值之间差异显著（F=9.90，p=0.000），而多重比较的结果表明，初始让步策略组的被试第二轮要求的审计调整金额与逐步让步策略组无显著性差异（平均差=0.89，p=0.557），最终让步策略组的被试第二轮要求的审计调整金额显著高于初始让步策略组（平均差=5.16，p=0.001）和逐步让步策略组（平均差=6.05，p=0.000）。不难看出，从第一轮谈判到第二轮谈判，各组审计师要求的审计调整金额的比较关系发生了变化。说明当使用逐步让步策略的客户在第二轮谈判中做出让步时，审计师也做出让步，使审计师要求的调整金额有所降低，从第一轮谈判时与最终让步策略组无显著性差异到第二轮谈判时已显著低于最终让步策略组。使用初始让步策略和最终让步策略的客户在第二轮谈判中都没有做出让步，因此审计师也鲜有让步，第二轮谈判中初始让步策略组与逐步让步策略组之间的显著性差异变小。

再次，对审计师在第三轮谈判中要求客户做出的审计调整金额进行分析。结果显示，单因素方差分析表明各组被试第三轮谈判中要求的审计调整金额均值之间差异显著（F=10.26，p=0.000），而多重比较表明，初始让步策略组的被试第三轮谈判中要求的审计调整金额显著高于逐步让步策略组（平均差=3.91，p=0.069），最终让步策略组的被试第三轮谈判中要求的审计调整金额显著高于初始让步策略组（平均差=5.41，p=0.011）和逐步让步策略组（平均差=9.32，p=0.000）。从第二轮谈判到第三轮谈判，各组审计师要求的审计调整金额的比较关系继续发生变化，说明当使用逐步让步策略的客户在第三轮谈判中继续做出让步时，审计师也继续做出了让步回报，使审计师要求的审计调整金额持续降低，从第二轮谈判时与初始让步策略组无显著性差异到第三轮谈判时已显著低于初始让步策略组。使用初始让步策略和最终让步策略的客户此轮仍然没有做出让步，审计师的让步金额则均稍有增加，但依然导致这两组在此轮的审计调整金额较高且最终让步策略组显著高于初始让步策略组。

最后，5.5.2中的假设检验已经表明，当审计谈判结束时，逐步让步策略组的审计师最终要求客户做出的审计调整金额显著低于初始让步策略组和最终让步策略组，而初始让步策略组的审计师最终要求客户做出的审计调整金额又显著低于最终让步策略组。从第三轮谈判到第四轮谈判，虽然各组审计师在这一过程中均做出了让步，但各组审计师要求的审计调整金额的比较关系并没有发生变化。

通过对各组审计师的审计调整金额变化进行分析，可以得出以下两个结论。第一，在审计谈判中，得到高质量的谈判结果继而提高审计质量和财务报表质量对审计师而言十分重要，而且审计师还要适时、适度地调整各轮谈判中要求的审计调整金额以维持谈判双方的良好合作关系。如图5-9所示，虽然假设检验部分证明审计师在客户采用最终让步策略的时候，让步次数和数额都是最少的，但是审计师要求的审计调整金额仍然是不断降低的。这说明尽管客户的态度强硬，审计师还是会采取积极措施避免谈判破裂而影响双方关系。此外，审计师在各轮谈判中审计调整金额的变化图（图5-9）中可以明显看出，与前三轮谈判相比，审计师在第四轮谈判中的让步金额都是最大的。这同样证明，为了能够在审计谈判结束时得到一个谈判双方都能接受的审计调整金额，审计师在最后一次报价机会中做出了最大努力，希望以此获得客户的理解和认同。第二，依据互惠理论客户采用不同的让步策略影响审计师的心理，进而影响审计师在各轮谈判中的审计调整金额，并且能够使面临不同让步策略的审计师的审计调整金额具有明显区别。在图5-9中我们可以很容易地识别出三种让步策略下审计师的审计调整金额变化曲线。对于逐步让步组的审计师来讲，由于整个审计谈判过程双方不断相互做出让步，互惠合作的气氛浓郁，因此，除了在第四轮谈判中的让步金额的变化稍有增加以外，他们在谈判过程中每次让步金额的变化幅度基本一致，这使得审计调整金额的变化形成了一条斜向右下的直线。对于初始让步策略组和最终让步策略组的审计师而言，他们在谈判过程中审计调整金额的变化趋势几乎是相同的，只是在第一轮谈判中初始让步策略组低于最终让步策略组，因此我们看到了两条几乎平行的报价曲线。

5.6.1.2 审计师的谈判策略分析

在谈判后的问卷中，我们设计了一个开放性的问题“在谈判过程中，您是否使用了策略以促使A公司财务主管接受您要求的固定资产减值准备计提数额？请对您使用的策略做出简要描述。”我们希望通过不同让步策略组的审计师对自己使用的谈判策略的描述，了解客户使用的不同让步策略是如何影响审计师自身的谈判策略选择的。

在分析全体被试对自身谈判策略的描述时，我们使用了与Bame-Alfred和Kida（2007）的研究相同的谈判策略分类方案，即将审计师使用的谈判策略分为六个类别，其中，①②③策略属于分配式谈判中使用的策略，因为使用这些策略会得到一方获益的单赢谈判结果；而④⑤⑥策略则是整合式谈判中常用的策略，使用这些策略时通常能够得到双方均有所收获的双赢的谈判结果。对全体审计师报告的谈判策略的分类，是两位研究人员在不了解被试属于哪个谈判策略组的情况下单独进行的。两位研究人员分类结果的一致程度达到了85%，并且通过讨论，最终对不一致的分类形成了一致意见。如表5-21所示，不同让步策略组给出了使用以上六种谈判策略的审计师的人数。

表 5-21 不同让步策略组使用各种谈判策略的审计师的数量

谈判策略	初始让步策略组	逐步让步策略组	最终让步策略组	合计
①选择一个对审计师自身较有利的初始谈判报价，在谈判过程中考虑向客户偏好的谈判立场做出必要让步	8	9	2	19
②较坚定地维护审计师自身的初始谈判立场，在谈判过程中不做出任何让步	3	1	16	20
③当客户不同意审计师提出的审计调整金额时，审计师以出具非无保留意见威胁客户	5	1	3	9
分配式谈判策略合计	16	11	21	48
④审计师试图收集更多的关于客户对审计调整问题偏好的信息	1	4	0	5
⑤审计师试图以某些问题与客户进行交换，因为有些问题对审计师而言可能是重要的，但对客户而言却并不重要	0	0	1	1
⑥审计师使用大量的理由，说服客户接受自己提出的审计调整金额	5	7	1	13
整合式谈判策略合计	6	11	2	19
没有回答此问题	1	1	2	4
合计	23	23	25	71

从初始让步策略组审计师选择的单项谈判策略来看，使用最多的谈判策略是“选择一个对审计师自身较有利的初始谈判报价，在谈判过程中考虑向客户偏好的谈判立场做出必要让步”，而没有任何一个审计师选择在谈判过程中使用谈判策略“审计师试图以某些问题与客户进行交换，因为有些问题对审计师而言可能是重要的，但对客户而言却并不重要”。从初始让步策略组审计师选择的分配式谈判策略和整合式谈判策略的数量来看，在初始让步策略下审计师更倾向于使用分配式谈判策略。

从逐步让步策略组审计师选择的单项谈判策略来看，使用最多的谈判策略也是“选择一个对审计师自身较有利的初始谈判报价，在谈判过程中考虑向客户偏好的谈判立场做出必要让步”，没有任何一个审计师选择在谈判过程中使用谈判策略“审计师试图以某些问题与客户进行交换，因为有些问题对审计师而言可能是重要的，但对客户而言却并不重要”。从逐步让步策略组审计师选择的分配式谈判策略和整合式谈判策略的数量来看，在逐步让步策略下审计师使用分配式谈判策略的倾向与使用整合式谈判策略的倾向没有显著性差异。

从最终让步策略组审计师选择的单项谈判策略来看，使用最多的谈判策略是“较坚定地维护审计师自身的初始谈判立场，在谈判过程中不做出任何让步”，而没有审计师选择在谈判过程中使用谈判策略“审计师试图收集更多的关于客户对审计调整问题偏好的信息”。从最终让步策略组审计师选择的分配式谈判策略和整合式谈判策略的数量来看，使用分配式谈判策略的审计师占该组回答这一问题的审计师的91.30%，而使用整合式谈判策略的审计师仅占该组回答这一问题的审计师的8.70%，两项数据对比说明在最终让步策略下，审计师几乎都会使用分配式谈判策略。

为了了解客户使用不同的让步策略是否导致审计师选择的谈判策略存在显著差异，我们首先使用列联表检验了客户让步策略与审计师选择的六种谈判策略之间是否独立。检验结果如表5-22所示，被试报告的六种谈判策略与客户使用的让步策略之间并不独立（Pearson卡方值=38.20，双侧近似p值=0.000）。也就是说，当客户使用不同的让步策略时，审计师所选择的六种具体谈判策略会因客户让步策略的不同而变化，导致不同让步策略组中审计师选择的具体谈判策略存在显著性差异。随后，又使用列联表检验了客户让步策略与审计师选择的分配式谈判策略和整合式谈判策略之间是否独立。检验结果如表5-23所示，被试报告的分配式谈判策略和整合式谈判策略与客户使用的让步策略之间也不独立（Pearson卡方值=9.46，双侧近似p值=0.009）。当客户使用不同的让步策略时，审计师对分配式谈判策略或整合式谈判策略的选择随客户让步策略的不同而出现差异，导致不同让步策略组中审计师选择的分配式谈判策略或整合式谈判策略存在明显的不同。

表 5-22 各让步策略组被试自我报告的六种谈判策略的卡方检验

项目	值	自由度	双侧近似 p 值
Pearson 卡方	38.20[a]	10	0.000
似然比	41.16	10	0.000
线性相关	0.93	1	0.334
有效数	67		

a 3 个单元（33.3%）的期望频数小于 5，最小期望频数为 1.62

表 5-23 各让步策略组被试自我报告的分配式策略和整合式谈判策略的卡方检验

项目	值	自由度	双侧近似 p 值
Pearson 卡方	9.46[a]	2	0.009
似然比	10.03	2	0.007
线性相关	1.98	1	0.160
有效数	67		

a 3 个单元（33.3%）的期望频数小于 5，最小期望频数为 1.62

通过分析审计师在不同的客户让步策略下选择的审计谈判策略，我们可以得出以下结论：客户使用不同的谈判让步策略会影响审计师在谈判过程中对客户谈判态度和谈判策略的感知，并因此导致审计师在谈判过程中选择不同的谈判策略。当客户使用初始让步策略时，审计师仅在谈判开始时感受到客户的合作诚意，而此后虽然对客户继续合作抱有期望，但却并未实现。所以，此时审计师或选择在谈判中做出让步，或威胁客户做出让步，又或寻找理由说服客户做出让步，在注重自身利益的前提下兼顾双方的共同利益。因此，大部分审计师选择分配式谈判策略，而少部分审计师选择整合式谈判策略。当客户使用逐步让步策略时，审计师感受到客户真诚合作的意愿，并与客户共同努力维护着良好的合作氛围。在这种情况下，审计师或选择在谈判中做出让步，或寻找理由说服客户做出让步，又或收集更多客户偏好的信息以促成双方均赞同的谈判结果。因此，审计师使用整合式谈判策略和分配式谈判策略倾向性并无明显差异。当客户使用最终让步策略时，审计师感受到的是客户坚决维护自身利益的强硬态度，双方并没有形成良好的合作氛围。此时，为了维护自身利益，审计师选择最多的策略是"较坚定地维护审计师自身的初始谈判立场，在谈判过程中不做出任何让步"，审计师几乎都使用了分配式谈判策略。

5.6.2 客户让步策略与审计师其他谈判决策分析

除了在上文当中已经进行过分析检验的因变量以外，本实验还收集了审计师的其他两项谈判决策，分别是审计师感知的其最终调整金额的准则符合程度和审计师感知的客户同意最终调整金额的可能性。

5.6.2.1 审计师认为其最终调整金额的准则符合程度

审计师与客户针对财务报表展开的所有工作都要在各项会计准则和法规及审计准则与法规的指导下进行，因此审计领域中发生的谈判具有独特的环境特征：一方面，由于准则、法规及审计行业职业道德的规范和约束，审计师在财务报表的确认和计量方面会存在与客户不同的偏好，并且需要通过审计谈判来解决这种偏好冲突；另一方面，审计师也需要与客户维持良好的合作关系，以保证会计师事务所的生存和发展。因此，审计师最终决定的审计调整金额必将是审计师权衡这两方面影响因素所做出的决策。当审计师越多地考虑到与客户的合作关系，对客户的让步做出互惠性回报时，审计师最终决定的审计调整金额符合准则规定的程度就越低。

准则对会计事项的处理没有明确具体的规定，存在审计谈判空间时，审计师通常会按照自己对准则的理解和职业谨慎性的要求，确定一个最符合准则规定的审计调整金额，并且考虑到专业操守，审计师会在谈判开始时要求客户按照这个最符合准则规定的金额做出审计调整。但是，如果审计师在谈判过程中为了与客户维持良好的合作关系，随着客户让步而做出互惠性让步时，最终决定的审计调整金额就会偏离最符合准则规定的审计调整金额，也意味着最终决定的审计调整金额与准则的符合程度会有所降低。审计师在谈判过程中做出的让步越大，其最终决定的审计调整金额偏离准则规定的审计调整金额的程度也越大，最终调整金额与准则的符合程度就越低。根据前文对审计师最终决定的审计调整金额的分析检验，当客户使用逐步让步策略时，审计师在谈判中做出了最大数额让步并在谈判结束时决定了最少的审计调整金额，此时审计师认为其最终调整金额的与准则符合程度也应当是最低的。与此相反，当客户使用最终让步策略时，审计师在谈判过程中做出了最小数额的让步并在谈判结束时决定了最多的审计调整金额，此时审计师认为其最终调整金额的符合会计准则要求的程度也应当是最高的。而当客户管理层使用初始让步策略时，审计师在谈判中做出让步的数额居中，在谈判结束时决定的审计调整金额高于逐步让步策略组而低于最终让步策略组，此时审计师认为其最终调整金额的符合会计准则要求的程度也将高于逐步让步组但低于最终让步组。

为了了解审计谈判中客户使用的不同谈判让步策略如何影响审计师认为其最终调整金额的准则符合程度，本实验在谈判后的问卷中设计了问题："您认为，您最终决定的固定资产减值准备计提数额符合会计准则要求的程度如何？"以此测量各组审计师认为其最终调整金额的准则符合程度。审计谈判结束后，不同让步策略组被试认为其最终调整金额的准则符合程度的描述性统计如表5-24所示。

表 5-24　审计师认为其最终调整金额的准则符合程度的描述性统计

让步策略组	样本量/人	均值	标准差	最小值	最大值
初始让步策略组	23	7.96	2.08	2	10
逐步让步策略组	23	7.13	2.63	0	10
最终让步策略组	25	8.72	1.88	2	10
合计	71	7.96	2.28	0	10

为了检验不同让步策略组的被试认为其最终调整金额的准则符合程度是否存在显著差异，本实验首先使用单因素方差分析法对三组被试认为其最终调整金额的准则符合程度均值进行了检验。结果显示，三组被试在审计谈判结束后认为其最终调整金额的准则符合程度均值之间存在显著差异（F=3.09，p=0.052）。为了明确各组被试认为其最终调整金额的准则符合程度之间的具体比较关系，又使用最小显著性差异法对各组被试认为其最终调整金额的准则符合程度均值进行了两两多重比较。结合描述性统计和多重比较检验结果可以看出，逐步让步策略组的被试认为其最终调整金额的准则符合程度显著低于最终让步策略组（平均差=−1.59，p=0.015），但与初始让步策略组无显著差异（平均差=−0.83，p=0.210），而初始让步策略组的被试认为其最终调整金额的准则符合程度与最终让步策略组也不存在显著差异（平均差=−0.76，p=0.236）。

上述实验结果分析说明，客户使用的不同谈判让步策略会影响审计师认为其最终调整金额的准则符合程度。当客户在谈判过程中逐步增加愿意做出的审计调整金额时，受互惠心理的影响，审计师在谈判结束时决定的审计调整金额是最低的，审计师认为其最终调整金额的准则符合程度也是最低的；当客户始终坚持自己的初始立场直到谈判即将结束时才做出让步时，审计师在谈判结束时决定的审计调整金额是最高的，审计师认为其最终调整金额的准则符合程度也是最高的，这使逐步让步策略组的审计师认为其最终调整金额的准则符合程度显著低于最终让步策略组。而当客户在谈判一开始就做出让步时，审计师最终决定的审计调整金额高于逐步让步策略组而低于最终让步策略组，但检验却没有发现初始让步策略组审计师认为其最终调整金额的准则符合程度与逐步让步策略组和最终让步策略组存在显著差异。

5.6.2.2　审计师感知的客户同意最终调整金额的可能性

1）审计师感知的客户同意最终调整金额的可能性与客户让步策略

审计师在决定最终的审计调整金额时，不但要考虑这一金额是否符合准则规定，还要考虑客户同意这一审计调整金额的可能性。审计师感知客户同意最终调整金额的可能性时，同样需要站在客户立场上做出判断。客户同意审计师最终调整金额的可能性取决于客户的谈判结果偏好和与审计师最终调整金额之间的差距，差距越大，客户同意审计师最终决定的审计调整金额的可能性越小。本小节的研究保持客户偏好的谈判结果固定不变，客户同意审计师最终调整金额可能性就取决于最终调整金额的大小。根据审计师最终决定的审计调整金额的分析检验，客户使用逐步让步策略时，审计师在谈判中做出了最大数额让步并在谈判结束时决定了最少的审计调整金额，审计师感知的客户同意最终调整金额的可能性应当是最高的。与此相反，客户使用最终让步策略，审计师在谈判过程中做出了最小数额的让步并在谈判结束时决定了最多的审计调整金额时，审计师感知的客户同意最终调整金额的可能性应当是最低的。客户方管理层使用初始让步策略时，审计师在谈判中做出让步的数额居中，在谈判结束时决定的审计调整金额高于逐步让步策略组而低于最终让步策略组，审计师感知的客户同意最终调整金额的可能性将高于逐步让步策略组，低于最终让步策略组。

为了了解客户使用的不同谈判让步策略如何影响审计师感知的客户同意最终调整金额的可能性，本实验在谈判后问卷中设计了问题“您认为，A公司财务主管同意按您最终决定的数额计提固定资产减值准备的可能性有多大？”以此测量各组审计师感知的客户同意最终调整金额的可能性。审计谈判结束后，不同让步策略组被试感知客户同意最终调整金额可能性的描述性统计如表5-25所示。

表 5-25 审计师感知的客户同意最终调整金额可能性的描述性统计

让步策略组	样本量/人	均值	标准差	最小值	最大值
初始让步策略组	23	6.43	2.09	2	9
逐步让步策略组	23	7.52	2.47	1	10
最终让步策略组	25	5.16	1.86	1	8
合计	71	6.34	2.33	1	10

为了检验不同让步策略组被试感知的客户同意最终调整金额的可能性是否存在显著差异，本实验首先使用单因素方差分析法对三组被试感知的客户同意最终调整金额的可能性进行了检验。检验结果显示，三组被试感知的客户同意最终调整金额的可能性均值之间具有显著差异（F=7.30，p=0.001）。为了明确各组被试感知的客户同意最终调整金额的可能性之间的具体比较关系，又使用最小显著性差异法对各组被试感知的客户同意最终调整金额的可能性均值进行了两两多重比较。结合描述性统计和多重比较检验结果可以看出，逐步让步策略组的被试感知的客户同意最终调整金额的可能性显著高于初始让步策略组（平均差=1.09，p=0.090），逐步让步策略组的被试感知的客户同意最终调整决策的可能性也显著高于最终让步策略组（平均差=2.36，p=0.000），并且初始让步策略组的被试感知的

客户同意最终调整金额的可能性也显著高于最终让步策略组（平均差=1.28，p=0.043）。

上述实验结果分析说明，审计师感知的客户同意最终调整金额的可能性会受到客户让步策略的影响。当客户在谈判过程中逐步增加愿意做出的审计调整金额时，受互惠心理的影响，审计师在谈判结束时决定的审计调整金额是最低的，而审计师感知客户同意最终调整决策的可能性是最高的；当客户始终坚持自己的初始立场直到谈判即将结束才做出让步时，审计师在谈判结束时决定的审计调整金额是最高的，而审计师感知客户同意最终调整决策的可能性是最低的，逐步让步策略组的审计师感知客户同意最终调整决策的可能性显著高于最终让步策略组。当客户在谈判一开始就做出让步时，最终决定的审计调整金额高于逐步让步策略组而低于最终让步策略组，审计师感知客户同意最终调整决策的可能性则低于逐步让步策略组而高于最终让步策略组。

2）审计师感知的客户同意最终审计调整金额的可能性与客户对最终审计调整金额的满意度

在审计环境下，法规和准则赋予了审计师强制要求客户做出审计调整的权利，也赋予了审计师在特定情形下出具非标准无保留审计意见的权利。因此，客户有时很可能会在这种强制要求下同意审计师的调整要求，但可能并不满意这样的决定。如果使用相同的量表来测量客户同意审计师最终决定的审计调整金额的可能性和满意度，同意的可能性将大于或等于满意度。为了了解审计师感知的客户同意最终审计调整金额的可能性与感知的客户对最终审计调整金额的满意度之间是否具有这样的关系，本实验对各组审计师感知的同意最终审计调整金额的可能性和满意度进行了配对样本t检验，检验结果如表5-26所示。不同谈判让步策略组中审计师感知的客户同意最终审计调整金额的可能性均高于感知的客户对最终审计调整金额的满意度（t=3.57，p=0.002；t=3.72，p=0.001；t=3.15，p=0.004）。

表 5-26　各组审计师感知的同意可能性与满意度的配对样本 t 检验

让步策略	配对差异		t	自由度	双侧近似 p 值
	均值	标准差			
初始让步策略	1.87	2.51	3.57	22	0.002
逐步让步策略	1.57	2.02	3.72	22	0.001
最终让步策略	1.16	1.84	3.15	24	0.004

上述实验结果分析说明，当审计师对客户谈判决策进行感知时，能够对需要判断的项目进行仔细考虑，对客户谈判决策感知的准确性较高。

5.7 研究结论与启示

本章以互惠理论为基础，采用实验研究的方法，以会计师事务所的合伙人、部门经理和项目经理为被试，检验了客户谈判行为对审计师谈判决策的影响。其中，根据客户让步策略与审计师谈判决策之间关系的紧密程度，将审计师的谈判决策分为两个层次：第一个层次是审计师的直接谈判决策，包括审计师的谈判让步次数、审计师最终决定的审计调整金额及审计师对客户的满意度；第二个层次是审计师感知的客户谈判决策，包括审计师感知的客户对最终审计调整金额的满意度和审计师感知的客户续聘意愿。主要结论及启示如下。

其一，客户使用逐步让步策略时审计师的谈判让步次数最多，客户使用初始让步策略时，审计师的谈判让步次数居中，客户使用最终让步策略时审计师的谈判让步次数最少；其二，客户使用逐步让步策略时审计师最终决定的审计调整金额最低，客户使用初始让步策略时审计师最终决定的审计调整金额居中，客户使用最终让步策略时审计师最终决定的审计调整金额最高；其三，客户使用逐步让步策略时审计师对客户的满意度最高，客户使用初始让步策略时审计师对客户的满意度居中，客户使用最终让步策略时审计师对客户的满意度最低；其四，客户使用逐步让步策略时审计师感知的客户对最终审计调整金额的满意度最高，客户使用初始让步策略和最终让步策略时，审计师感知的客户对最终审计调整金额的满意度没有明显差异；其五，客户使用逐步让步策略时审计师感知的客户续聘意愿最高，客户使用初始让步策略时审计师感知的客户续聘意愿居中，客户使用最终让步策略时审计师感知的客户续聘意愿最低。

审计谈判是审计过程中普遍存在的、对审计质量和财务报表质量均具有重大影响的审计实践活动，并且客户使用的谈判让步策略是决定客户谈判行为的关键要素，因此本章的研究发现和结论对于指导审计谈判实践、提高审计质量具有重要意义。首先，有必要继续完善会计和审计法规及准则体系，创造良好的审计谈判环境。通过赋予审计师更多的法律权利，提高审计师抵抗客户压力的能力，促使审计师在谈判过程中坚持按照准则规定做出谈判决策。其次，应当加强对审计师的谈判培训，提高审计师应对客户谈判策略的技能，进而提高审计师的谈判质量和审计质量。再次，全面开展职业道德教育，强化审计职业道德意识。审计师要加强执业谨慎程度、避免互惠性社会责任的影响，更有利于获得符合准则规定的谈判结果、提高财务信息质量。最后，进一步规范审计市场的建设，为会计师事务所创造良性的竞争环境，避免会计师事务所因害怕失去客户而迁就其不合理的谈判要求，使审计市场的主体之间建立起健康的供求关系，进而提高审计师的谈判质量。

参 考 文 献

阿克塞尔罗德 R. 2007. 合作的进化[M]. 吴坚忠译. 上海：上海人民出版社.

陈少华，李盈璇. 2013. 上市公司衍生金融工具风险的信息披露研究[J]. 现代管理科学，(10)：27-29.

邓传洲，李正. 2003. 论非金融类公司年度报告中的风险信息披露[J]. 会计研究，(8)：19-22.

葛家澍. 2002. 关于高质量会计准则的几个问题[J]. 会计研究，(10)：16-23，65.

何云，熊梓言. 2017. 内部审计师与治理层关系的博弈分析[J]. 中国内部审计，(11)：41-45.

雷宇. 2015. 信任、声誉与会计[M]. 北京：中国人民大学出版社.

李弢，薛祖云. 2005. 董事会结构与会计师事务所解聘行为关系的实证研究——来自中国证券市场的经验证据[J]. 经济评论，(3)：117-122，126.

刘行健，刘昭. 2014. 内部控制对公允价值与盈余管理的影响研究[J]. 审计研究，(2)：59-66.

刘文雯，王雪莉. 2004. 中国管理者在组织内采用的影响策略研究[J]. 软科学，(5)：64-68.

培根 F. 2012. 培根论人生[M]. 张毅译. 上海：上海人民出版社.

孙海法. 1998. 管理者影响策略的结构[J]. 应用心理学，(1)：3-9.

孙坤. 2001. 审计决策与专业判断[J]. 中国注册会计师，(12)：17-19，2.

王燕. 2013. 注册会计师如何进行沟通[J]. 财务与会计，(1)：46.

吴清华，王平心，殷俊明. 2006. 审计委员会、董事会特征与财务呈报质量——一项基于中国证券市场的实证研究[J]. 管理评论，(7)：49-56，64.

谢盛纹，刘杨晖. 2016. 审计师变更、前任审计师任期和会计信息可比性[J]. 审计研究，(2)：82-89.

阎云翔. 2000. 礼物的流动[M]. 上海：上海人民出版社.

叶建芳，周兰，李丹蒙，等. 2009. 管理层动机、会计政策选择与盈余管理——基于新会计准则下上市公司金融资产分类的实证研究[J]. 会计研究，(3)：25-30，94.

查道林，费娟英. 2004. 独立审计声誉机制研究[J]. 审计研究，(5)：68-72.

张继勋. 2002. 审计判断研究[M]. 大连：东北财经大学出版社.

张朋，孙率. 2018. 浅谈审计失败及应对措施[J]. 现代商业，(24)：128-129.

张茹茹，韩向欣. 2018. 对我国上市公司信息披露与审计质量的思考[J]. 河北企业，(8)：27-28.

Adams J S. 1963. Toward an understanding of inequity[J]. Journal of Abnormal and Social Psychology，67（5）：422-436.

Allen M，Donohue W，Stewart B. 1990. Comparing Hardline and Softline Bargaining Strategies in Zero-Sum Situations Using Meta-analysis//Rahim M A. Theory and Research in Conflict Management[M]. New York：Praeger.

Alonso S L. 2010. Social influence tactics used by physicians：an empirical Study[D]. University of Miami.

Antle R，Nalebuff B. 1991. Conservatism and auditor-client negotiations[J]. Journal of Accounting Research，29：31-54.

Ashforth B E，Humphrey R H. 1993. Emotional labor in service roles：the influence of identity[J]. The Academy of Management Review，18（1）：88-115.

Axelrod R M. 1984. The Evolution of Cooperation[M]. New York：Basic Books.

Babcock L，Loewenstein G，Issacharoff S，et al. 1995. Biased judgments of fairness in bargaining[J]. The American Economic Review，85（5）：1337-1343.

Bame-Aldred C W，Kida T. 2007. A comparison of auditor and client initial negotiation positions and tactics[J]. Accounting Organizations and Society，32（6）：497-511.

Bandura A. 1999. A Sociocognitive analysis of substance abuse：an agnatic perspective[J]. Psychological Science，10（3）：214-217.

Baron R M，Kenny D A. 1986. The moderator-mediator variable distinction in social psychological research：conceptual，strategic，and statistical considerations[J]. Journal of Personality and Social Psychology，51（6）：1173-1182.

Barrick M R，Shaffer J A，DeGrassi S W. 2009. What you see may not be what you get：relationships among self-presentation tactics and ratings of interview and job performance[J]. Journal of Applied Psychology，94（6）：1394-1411.

Barry B，Fulmer I S. 2004. The medium and the message：the adaptive use of communication media in dyadic influence[J]. The Academy of Management Review，29（2）：272-292.

Bartos O J. 1966. Concession-making in Experimental Negotiation. Sociological Theories in Progress[M]. Boston：Houghton Mifflin.

Bazerman M H，Moore D A. 1998. Judgment in Managerial Decision Making[M]. New York：Wiley.

Beattie V，Fearnley S，Brandt R. 2000. Behind the audit report: a descriptive study of discussions and negotiations between auditors and directors[J]. International Journal of Auditing，4（2）：177-202.

Beattie V A，Fearnley S，Brandt R. 2004. A grounded theory model of auditor-client negotiations[J]. International Journal of Auditing，8（1）：1-19.

Bell T B，Griffin J B. 2012. Commentary on auditing high-uncertainty fair value estimates [J]. AUDITING：A Journal of Practice & Theory，31（1）：147-155.

Berkowitz L，Daniels L R. 1963. Responsibility and dependency[J]. Journal of Abnormal & Social Psychology，66（5）：429-436.

Bijlsma-Frankema K B，Rosendaal W，Vande B G. 2005. Does Trust Breed Heed? Differential Effects of Trust on Heed and Performance in a Network and a Divisional form of Organizing. In Trust Under Pressure[M]. Cheltenham：Edward Elgar.

Blau P M. 1964. Exchange and Power in Social Life[M]. New York：Wiley.

Boas F. 1897. The social organization and the secret societies of the kwakiutl Indians[R]. Report of the US National Musuem for 1895，311-738.

Boush D M，Friestad M，Rose G M. 1994. Adolescent skepticism toward TV advertising and knowledge of advertiser tactics[J]. Journal of Consumer Research，21（1）：165-175.

Brett J F，Pinkley R L，Jackofsky E F. 1996. Alternatives to having BATNA in dyadic negotiation: the influence of goals，self-efficacy，and alternatives on negotiated outcomes[J]. International Journal of Conflict Management，7（2）：121-138.

Briñol P，Petty R E，Gallardo I，et al. 2006. The role of self-affirmation in consumer persuasion[J]. Advances in Consumer Research，33（1）：509-510.

Brown-Liburd H，Johnstone K M. 2009. Resolving disputed financial reporting issues：effects of auditor negotiation experience and engagement risk on negotiation process and outcome[J]. AUDITING：A Journal of Practice & Theory，28（2）：65-92.

Brown-Liburd H，Wright A M. 2008. Negotiation research in auditing[J]. Accounting Horizons，22（1）：91-109.

Carnevale P J D，Isen A M. 1986. The influence of positive affect and visual access on the discovery of integrative solutions in bilateral negotiation[J]. Organizational Behavior and Human Decision Processes，37（1）：1-13.

Chaney P K，Philipich K L. 2002. Shredded reputation：the cost of audit failure[J]. Journal of Accounting Research，40（4）：1221-1245.

Chertkoff J M，Conley M. 1967. Opening offer and frequency of concession as bargaining strategies[J]. Journal of Personality & Social Psychology，7（2p1）：181-185.

Chowdhury S. 2005. The role of affect-and cognition-based trust in complex knowledge sharing[J]. Journal of Managerial Issues，17（3）：310-326.

Christensen B E，Glover S M，Wood D A. 2012. Extreme estimation uncertainty in fair value estimates：implications for audit assurance[J]. AUDITING：A Journal of Practice & Theory，31（1）：127-146.

Cialdini R B. 2001. Influence：Science and Practice[M]. 4th ed. Boston：Allyn & Bacon.

Crosby L A，Evans K R，Cowles D. 1990. Relationship quality in services selling：an interpersonal influence perspective[J]. Journal of Marketing，54（3）：68-81.

Davis-Friday P Y，Liu C S，Mittelstaedt H F. 2004. Recognition and disclosure reliability：evidence from SFAS No. 106[J]. Contemporary Accounting Research，21（2）：399-429.

DeAngelo H，DeAngelo L，Skinner D J. 1994. Accounting choices in troubled companies[J]. Journal of Accounting and Economics，17（1p2）：113-143.

DeAngelo L E. 1981. Auditor size and audit quality[J]. Journal of Accounting and Economics，3（3）：183-199.

DeAngelo L E. 1988. Managerial competition，information costs，and corporate governance: the use of accounting performance measures in proxy contests[J]. Journal of Accounting and Economics，10（1）：3-36.

Deutsch M. 1958. Trust and suspicion[J]. The Journal of Conflict Resolution，2（4）：265-279.

Dickstein E. 1977. Self and self-esteem：theoretical foundations and their implications for research[J]. Human Development，20（3）：129-140.

Dulebohn J H，Ferris G R. 1999. The role of influence tactics in perceptions of performance evaluations' fairness[J]. The Academy of Management Journal，42（3）：288-303.

Esser J K，Komorita S S. 1975. Reciprocity and concession making in bargaining[J]. Journal of Personality & Social Psychology，31（5）：864-872.

Farmer T A，Rittenberg L E，Trompeter Q M. 1987. An investigation of the impact of economic and organizational factors on auditor independence[J]. AUDITING：A Journal of Practice & Theory，7（1）：1-14.

Fehr E，Gächter S. 2000. Cooperation and punishment in public goods experiments[J]. The American Economic Review，90（4）：980-994.

Fisher R，Ury W. 1981. Getting to Yes：Negotiating Agreement without Giving in[M]. Boston：Houghton-Mifflin.

Flynn F J. 2005. Identify orientations and forms of social exchange in organizations[J]. The Academy of Management Review，30（4）：737-750.

Forgas J P. 1998. On feeling good and getting your way: mood effects on negotiator cognition and bargaining strategies[J]. Journal of Personality and Social Psychology，74（3）：565-577.

Friedman D，Singh N. 2004. Negative reciprocity：the coevolution of memes and genes[J]. Evolution and Human Behavior，25（3）：155-173.

Fry W R. 1985. The effect of dyad Machiavellianism and visual access on integrative bargaining outcomes[J]. Personality and Social Psychology Bulletin，11（1）：51-62.

Gambetta D. 1988. Trust：Making and Breaking Cooperative Relations[M]. Oxford：Basil Blackwell.

Gibbins M, Mccracken S A, Salterio S. 2005. Negotiations over accounting issues: the congruency of audit partner and chief financial officer recalls[J]. AUDITING：A Journal of Practice & Theory, 24（supplement）：171-193.

Gibbins M, Mccracken S A, Salterio S. 2007. The chief financial officer's perspective on auditor-client negotiations[J]. Contemporary Accounting Research，24（2）：387-422.

Gibbins M，Mccracken S A，Salterio S. 2010. The auditor's strategy selection for negotiation with management：Flexibility of initial accounting position and nature of the relationship[J]. Accounting Organizations and Society，35（6）：579-595.

Gibbins M，Richardson A，Waterhouse J. 1990. The management of corporate financial disclosure：opportunism，ritualism，policies，and processes[J]. Journal of Accounting Research，28（1）：121-143.

Gibbins M，Salterio S，Webb A. 2001. Evidence about auditor-client management negotiation concerning client's financial reporting[J]. Journal of Accounting Research，39（3）：535-563.

Goldvarg E，Johnson-Laird P N. 2001. Naive causality：a mental model theory of causal meaning and reasoning[J]. Cognitive Science，25（4）：565-610.

Gouldner A W. 1960. The norm of reciprocity：a preliminary statement[J]. American Sociological Review，25（2）：161-178.

Hamner W C. 1974. Effects of bargaining strategy and pressure to reach agreement in a stalemated negotiation[J]. Journal of Personality and Social Psychology，30（4）：458-467.

Hatfield R C，Agoglia C P，Sanchez M H. 2005. The effect of client characteristics on the negotiation tactics of auditors[J]. Journal of Accounting Research，46（5）：1183-1207.

Hatfield R C，Houston R W，Stefaniak C M，et al. 2010. The effect of magnitude of audit difference and prior client concessions on negotiations of proposed adjustments[J]. The Accounting Review，85（5）：1647-1668.

Higgins J P T，Thompson S G，Deeks J J，et al. 2003. Measuring inconsistency in meta-analyses[J]. BMJ（clinical research ed.），327（7414）：557-560.

Hilty J A，Carnevale P J. 1993. Black-hat/white-hat strategy in bilateral negotiation[J]. Organizational Behavior and Human Decision Processes，55（3）：444-469.

Johnston D. 2006. Managing stockoption expense：the manipulation of option-pricing model assumptions[J]. Contemporary Accounting Research，23（2）：395-425.

Jones K. 1996. Trust as an affective attitude[J]. Ethics，107（1）：4-25.

Kelley H H，Stahelski A J. 1970. Social interaction basis of cooperators' and competitors' beliefs about others[J]. Journal of Personality and Social Psychology，16（1）：66-91.

Kim K. 2000. On interfirm power，channel climate，and solidarity in industrial distributor-supplier dyads[J]. Journal of the Academy of Marketing Science，28（3）：388-405.

King R R. 2002. An experimental investigation of self-serving biases in an auditing trust game：the effect of group affiliation[J]. The Accounting Review，77（2）：265-284.

Kipnis D，Schmidt S M，Wilkinson I F. 1980. Intraorganizational influence tactics：explorations in getting one's way[J]. Journal of Applied Psychology，65（4）：440-452.

Komorita S S，Barnes M. 1969. Effects of pressures to reach agreement in bargaining[J]. Journal of Personality and Social Psychology，13（3）：245-252.

Komorita S S，Brenner A R. 1968. Bargaining and concession making under bilateral monopoly[J]. Journal of Personality and Social Psychology，9（1）：15-20.

Komorita S S，Esser J K. 1975. Frequency of reciprocated concessions in bargaining[J]. Journal of Personality and Social Psychology，32（4）：699-705.

Komorita S S，Hilty J，Parks C D. 1991. Reciprocity and cooperation in social dilemmas[J]. The Journal of Conflict Resolution，35（3）：494-518.

Komorita S S. 1973. Concession-making and conflict resolution[J]. The Journal of Conflict Resolution，17（4）：745-763.

Koonce L，Anderson U，Marchant G. 1995. Justification of decisions in auditing[J]. Journal of Accounting Research，33（2）：369-384.

Krebs D. 1975. Empathy and altruism[J]. Journal of Personality and Social Psychology，32（6）：1134-1146.

Kwon S，Weingart L R. 2004. Unilateral concessions from the other party: concession behavior，attributions，and negotiation Judgments[J]. Journal of Applied Psychology，89（2）：263-278.

Lavidge R J，Steiner G A. 1961. A model for predictive measurements of advertising effectiveness[J]. Journal of Marketing，25（6）：59-62.

Lax D A，Sebenius J K. 1986. The Manager as Negotiator：Bargaining for Cooperation and Competitive Gain[M]. New York：Free Press.

Lebow R N. 1996. The Art of Bargaining[M]. Baltimore：JHU Press.

Lewicki R J，Litterer J A. 1985. Negotiation[M]. Irwin：Homewood.

Lewicki R J，Litterer J A，Sexton J. 1985. Negotiation[J]. Relations Industrielles，（4）：894-895.

Lewicki R J，Saunders D M，Minton J W. 2003. Negotiation[M]. New York：McGraw-Hill Companies.

Lewis J D，Weigert A. 1985. Trust as a social reality[J]. Social Force，63（4）：967-985.

Li F. 2008. Annual report readability，current earnings，and earnings persistence[J]. Journal of Accounting and Economics，45（2-3）：221-247.

Li K K，Sloan R G. 2017. Has goodwill accounting gone bad?［J]. Review of Accounting Studies，22（2）：964-1003.

Libby R, Bloomfield R J, Nelson M W. 2002. Experimental research in financial accounting[J]. Accounting, Organizations and Society, 27（8）: 775-810.

Libby R, Kinney W R. 2000. Does mandated audit communication reduce opportunistic corrections to manage earnings to forecasts? [J]. The Accounting Review, 75（4）: 383-404.

Liebert R M, Smith W P, Hill J H, et al. 1968. The effects of information and magnitude of initial offer on interpersonal negotiation[J]. Journal of Experimental Social Psychology, 4(4): 431-441.

Littlepage G E, Nixon C T, Gibson C R. 1992. Influence strategies used in meetings[J]. Journal of Social Behavior & Personality, 7（4）: 529-538.

Locke E A, Latham G P. 1990. A Theory of Goal Setting and Task Performance[M]. Englewood Cliffs: Prentice-Hall.

Loeb S E. 1975. The auditor-firm conflict of interests: its implications for independence[J]. The Accounting Review, 50（4）: 844-847.

Luce M F. 1994. Emotions in consumer choice[D]. Duke University.

Luhmann N. 1979. Trust and Power[M]. New York: John Wiley & Sons.

Marsh P D V. 2001. Contract Negotiation Handbook[M]. Hants: Gower Publishing, Ltd.

Maxwell S, Nye P, Maxwell N. 2003. The wrath of the fairness-primed negotiator when the reciprocity norm is violated[J]. Journal of Business Research, 56（5）: 399-409.

McAllister D J. 1995. Affect- and cognition-based trust as foundations for interpersonal cooperation in organizations[J]. The Academy of Management Journal, 38（1）: 24-59.

McCracken S A, Salterio S, Schmidt R N. 2011. Do managers intend to use the same negotiation strategies as partnes?[J]. Behavioral Research in Accounting, 23（1）: 131-160.

Mellinger G D. 1956. Interpersonal trust as a factor in communication[J]. Journal of Abnormal Social Psychology, 52（3）: 304-309.

Messier W F, Martinov-Bennie N, Eilifsen A. 2005. A review and integration of empirical research on materiality: two decades later[J]. AUDITING: A Journal of Practice & Theory, 24（2）: 153-187.

Moore D A, Kurtzerg T R, Thompson L L, et al. 1999. Long and short routes to success in electronically mediated negotiations: group affiliations and good vibrations[J]. Organizational Behavior and Human Decision Processes, 77（1）: 22-43.

Morgan R M, Hunt S D. 1994. The commitment-trust theory of relationship marketing[J]. Journal of Marketing, 58（3）: 20-38.

Mowday R T. 1978. The exercise of upward influence in organizations[J]. Administrative Science Quarterly, 23（1）: 137-156.

Murnighan J K, Bazerman M H. 1990. A perspective on negotiation research in accounting and auditing[J]. The Accounting Review, 65（3）: 642-657.

Neale M A，Bazerman M H. 1991. Cognition and Rationality in Negotiation[M]. New York：Free Press.

Nelson M W，Elliott J A，Tarpley R L. 2002. Evidence from auditors about managers' and auditors' earnings management decisions[J]. The Accounting Review，77（Supplement）：175-202.

Nelson M W，Tan H T. 2005. Judgment and decision making research in auditing：a task，person，and interpersonal interaction perspective[J]. Social Science Electronic Publishing，24（s-1）：41-71.

Newcomb T M. 1961. The Acquaintance Process[M]. New York：Holt，Rinehart and Winston.

Ng T B，Tan H. 2003. Effects of authoritative guidance availability and audit committee effectiveness on auditors' judgments in an auditor-client negotiation context[J]. The Accounting Review，78（3）：801-818.

Ng T B，Tan H. 2007. Effects of qualitative factor salience，expressed client concern，and qualitative materiality thresholds on auditors' audit adjustment decisions[J]. Contemporary Accounting Research，24（4）：1171-1192.

Nierenberg G I. 1968. The Art of Negotiating：Psychological Strategies For Gaining Advantageous Bargains[M]. New York：Simon & Schuster，Inc.

O'Connor K M. 1997. Groups and solos in context: the effects of accountability on team negotiations[J]. Organizational Behavior and Human Decision Processes，72（3）：384-407.

Orpen C. 1996. The effects of ingratiation and self promotion tactics on employee career success[J]. Social Behavior and Personality An International Journal，24（3）：213-214.

Osgood C. 1962. An Alternative to War or Surrender[M]. Urbana：University of Illinois Press.

Oskamp S. 1971. Effects of programmed strategies on cooperation in the prisoner's dilemma and other mixed-motive games[J]. The Journal of Conflict Resolution，15（2）：225-259.

Palmrose Z. 1987. Litigation and independent auditors: the role of business failures and management fraud[J]. AUDITING：A Journal of Practice and Theory，6（2）：90-103.

Palmrose Z. 1991. Trials of legal disputes involving independent auditors: some empirical evidence[J]. Journal of Accounting Research，29（Supplement）：149-185.

Phillips F. 2001. Disposition of audit-detected misstatements：an examination of risk and reward factors and aggregation effects[J]. Contemporary Accounting Research，18（1）：71-99.

Pilisuk M，Skolnick P L. 1968. Inducing trust: a test of the Osgood proposal[J]. Journal of Personality & Social Psychology，8（2）：121-133.

Pinkley R L，Griffith T L，Northcraft G B. 1995. "Fixed pie" a la mode：information availability，information processing，and the negotiation of suboptimal agreements[J]. Organizational Behavior and Human Decision Processes，62（1）：101-112.

Plouffe C R，Bolander W，Cote J A. 2014. Which influence tactics lead to sales performance? It is a matter of style[J]. Journal of Personal Selling & Sales Management，34（2）：141-159.

Polanyi K. 1957. Trade and Markets in the Early Empires[M]. New York：Free Press.

Poucke D V，Buelens M. 2002. Predicting the outcome of a two-party price negotiation：contribution of reservation price，aspiration price and opening offer[J]. Journal of Economic Psychology，23（1）：67-76.

Pruitt D G. 1981. Negotiation Behavior[M]. New York：Academic Press.

Pruitt D G，Carnevale P J D. 1993. Negotiation in Social Conflict[M]. Buckingham：Open University Press Publishing.

Pruitt D G，Drews J L. 1969. The effect of time pressure，time elapsed，and the opponent' s concession rate on behavior in negotiation[J]. Journal of Experimental Social Psychology，5(1)：43-60.

Pruitt D G，Johnson D F. 1970. Mediation as an aid to face saving in negotiation[J]. Journal of Personality and Social Psychology，14（3）：239-246.

Pruitt D G，Rubin J Z. 1986. Social Conflict：Escalation，Stalemate and Settlement[M]. New York：Random House.

Raiffa H. 1982. The Art and Science of Negotiation[M]. Cambridge：Belknap Press of Harvard University Press.

Ramanna K，Watts R L. 2012. Evidence on the use of unverifiable estimates in required goodwill impairments[J]. Review of Accounting Studies，17（4）：749-780.

Rennekamp K M. 2012. Processing fluency and investors' reactions to disclosure readability[J]. Journal of Accounting Research，50（5）：1319-1354.

Rennie M D，Kopp L S，Lemon W M. 2010. Exploring trust and the auditor-client relationship：Factors influencing the auditor' s trust of a client representative[J]. AUDITING：A Journal of Practice&Theory，29（1）：279-293.

Robertson J C. 2010. The effects of ingratiation and client incentive on auditor judgment[J]. Behavioral Research in Accounting，22（2）：69-86.

Rose J M. 2007. Attention to evidence of aggressive financial reporting and intentional misstatement judgments:Effects of experience and trust[J]. Behavioral Research in Accounting，19（1）：215-229.

Rosnow R L，Rosenthal R. 1995. Some things you learn aren't so：cohen's paradox，asch's paradigm，and the interpretation of interaction[J]. Psychological Science，6（1）：3-9.

Rotter J B. 1980. Interpersonal trust，trust worthiness and gullibility[J]. American Psychologist，35（1）：1-7.

Rubin J Z. 1975. Liking and loving：an invitation to social psychology[J]. Contemporary Sociology，4（4）：429-430.

Rubin J Z，Brown B R. 1975. The Social Psychology of Bargaining and Negotiating[M]. New York：Academic Press.

Salleh Z，Stewart J D. 2012. The impact of expertise on the mediating role of the audit committee[J]. Managerial Auditing Journal，27（4）：378-402.

Salterio S. 1996. Effect of precedents and client position on auditors'financial accounting policy judgment[J]. Accounting，Organizations and Society，21（5）：467-486.

Sanchez M H，Agoglia C P，Hatfield R C. 2007. The effect of auditors'use of reciprocity-based strategy on auditor-client negotiations[J]. The Accounting Review，82（1）：241-263.

Schneider A K. 2004. Aspirations：Aspirations in negotation[J]. Marquette Law Review，87（4）：675-680.

Schriesheim C A，Castro S L，Yammarino F J. 2000. Investigating Contingencies：an examination of the impact of span of supervision and upward controllingness on leader-member exchange using traditional and multivariate and between-entities analysis[J]. Journal of Applied Psychology，85（5）：659-677.

Shapiro B P，Schatzberg J W，Fisher J. 1996. A theoretical and experimental examination of strategic auditor-client interaction[J]. Advances in Accounting，14：135-160.

Shuchman A，Perry M. 1969. Self-confidence and persuasibility in marketing：a reappraisal[J]. Journal of Marketing Research，6（2）：146-154.

Siegel S，Fouraker L E. 1960. Bargaining and Group Decision Making：Experiments in Bilateral Monopoly[M]. New York：McGraw-Hill Companies.

Simunic D A. 1984. Auditing，consulting and auditor independence[J]. Journal of Accounting Research，22（2）：679-702.

Smith D L，Pruitt D G，Camevale P J. 1982. Matching and mismatching：The effect of own limit，other' s toughness and time pressure on concession rate in negotiation[J]. Journal of Personality and Social Psychology，42（5）：876-883.

Smith W P，Leginski W A. 1970. Magnitude and perception of punitive power in bargaining strategy[J]. Journal of Experimental Social Psychology，6（1）：57-76.

Smith-Crowe K，Burke M J，Kouchaki M，et al. 2013. Assessing interrater agreement via the average deviation index given a variety of theoretical and methodological problems[J]. Organizational Research Methods，16（1）：127-151.

Solomon I，Shields M D，Whittington R. 1999. What do industry specialist auditors know? [J]. Journal of Accounting Research，37（1）：191-208.

Sparrowe R T，Soetjipto B W，Kraimer M L. 2006. Do leaders' influence tactics relate to members' helping behavior? it depends on the quality of the relationship[J]. The Academy of Management Journal，49（6）：1194-1208.

Stimpson D V. 1970. The influence of commitment and self-Esteem on susceptibility to persuasion[J]. The Journal of Social Psychology，80（2）：189-195.

Sun Y，Tan H T，Zhang J X. 2015. Effect of concession-Timing strategies in auditor-client negotiations：it matters who is using them[J]. Contemporary Accounting Research，32（4）：1489-1506.

Tan H T，Trotman K T. 2010. Effects of the timing of auditors' income-reducing adjustment concessions on financial officers' negotiation judgments[J]. Contemporary Accounting Research，27（4）：1207-1239.

Tedeschi J T，Linkskold S，Horai J，et al. 1969. Social power and the credibility of promises[J]. Journal of Personality and Social Psychology，13（3）：253-261.

Thacker R A，Wayne S. 1995. An examination of the relationship between upward influence tactics and assessments of promotability[J]. Journal of Management，21（4）：739-756.

Thomas K W. 1992. Conflict and conflict management：reflections and update[J]. Journal of Organizational Behavior，13（3）：265-274.

Thompson L. 1998. The Mind and Heart of the Negotiator[M]. Upper Saddle River：Prentice Hall.

Thompson L，Hastie R. 1990. Judgment Tasks and Biases in Negotiation//Sheppard B H，Bazerman M H，Lewicki R J. Research in Negotiation in Organizations[M]. Stamford：JAI Press.

Trotman K T，Wright A M，Wright S. 2005. Auditor negotiations: an examination of the efficacy of intervention methods[J]. The Accounting Review，80（1）：349-367.

Uehara E S. 1995. Reciprocity Reconsidered：Gouldner's "moral norm of reciprocity" and social support[J]. Journal of Social and Personal Relationships，12（4）：483-502.

van Knippenberg B，Steensma H. 2003. Future interaction expectation and the use of soft and hard influence tactics[J]. Applied Psychology，52（1）：55-67.

Vinacke W E，Walton R E，Mckersie R B. 1965. A behavioral theory of labor negotiations：an analysis of a social interaction system[J]. Social Forces，44（4）：594.

Watts R J，Zimmerma J L. 1986. Positive Accounting Theory[M]. Englewood Cliffs：Prentice-Hall International.

Wayne S J，Shore L M，Liden R C. 1997. Perceived organizational support and leader-member exchange：a social exchange perspective[J]. The Academy of Management Journal，40（1）：82-111.

Westermann K D，Bedard J C，Earley C. 2014. Learning the "craft" of auditing：a dynamic view of auditors' on-the-job learning[J]. Contemporary Accounting Research，32（3）：864-896.

Wright A, Wright S. 1997. An examination of factors affecting the decision to waive audit adjustments[J]. Journal of Accounting, Auditing and Finance, 12（1）: 15-36.

Yukl G A, Lepsinger R, Lucia T, et al. 1992. Preliminary report on development and validation of the influence behavior questionnaire[J]. Impact of leadership, 417-427.

Yukl G A. 1974. Effects of the opponent's initial offer, concession magnitude, and concession frequency on bargaining behavior[J]. Journal of Personality and Social Psychology, 30（3）: 323-335.

Zetik D C, Stuhlmacher A F. 2002. Goal setting and negotiation performance: A meta-analysis[J]. Group Processes & Intergroup Relations, 5（11）: 35-52.

Zhang P. 1999. A bargaining model of auditor reporting[J]. Contemporary Accounting Research, 16（1）: 167-184.

Zimbleman M F, Waller W S. 1999. An experimental investigation of auditor-auditee interaction under ambiguity[J]. Journal of Accounting Research, 37: 135-155.

后　记

本书通过对审计过程中的客户行为进行界定和分类，发现客户行为从信息、情感和谈判三个角度对审计师决策产生了不同影响，且该影响可能来自审计的全过程。关于客户信息行为，研究发现客户公允价值金额确认和信息披露行为会影响审计师的审计调整决策，并且上述影响要借助信任判断为中介起作用，而审计师的自信心又会影响其信任判断。关于客户情感行为，研究发现性质上重要的准则条款提示能够提高审计师对性质上重要的因素的注意程度，进而影响审计师决策。关于客户谈判行为，研究发现客户使用的谈判让步策略是决定客户谈判行为的关键要素，也是影响审计师最终审计调整金额的重要因素。尽管本书从理论上梳理了客户行为与审计师决策之间的影响关系，构建了适合我国审计职业环境的审计师决策理论框架，但由于研究成本和时间的限制，无法综合性研究所有客户行为对审计师决策的影响，因此本书的研究成果尚存在以下一些局限和不足。

首先，本书仅就研究问题中涉及的部分客户行为对审计师决策的影响做出深入探讨，尚未就所有客户行为对审计师决策的影响进行综合性研究。其次，在真实的审计过程中，客户和审计师之间的博弈并非一次成型，往往存在二者之间的循环博弈和双向影响，但考虑到研究的可操作性及考察单一因素对实验结果影响的必要性，本书重点考察了在审计过程中客户行为的三个相关因素对审计师决策的单次影响，并未深入探究该过程中双方彼此影响的机制。最后，本书主要是采用实验研究方法来获取实证研究数据以检验客户行为与审计师决策之间的关系，后期研究需要引入更为互补的方法来深入探讨二者之间的影响及其路径。

大数据、云计算等信息技术的高速发展，给审计工作带来了巨大的冲击，传统的审计手段正在被逐渐颠覆。可以预见，大数据时代的社会审计，将会实现审计资源、审计项目及审计档案的全方位统筹，审计的取证、审计的效率，甚至客户与审计师之间进行沟通的方式等各个方面都会受到影响。因此，未来的研究方向应全力探索大数据背景下审计信息化水平的提升之道。具体而言，未来关于客户行为与审计师决策的研究，务必要结合当下对会计师事务所业务提供助力的信息技术平台，全力探索大数据及审计信息化建设的背景下，客户与审计师双方是如何进行良性互动的，以及客户行为是通过哪些方式对审计师决策产生影响的。同时，我国目前的社会审计逐步向民间型审计组织模式过渡，而经济体制改革的不断深化也促使社会审计业务涉及的范围也越来越广，以网络审计、资产评估等为首的新业务发展快速。但随之而来的是信息不对称风险的日益增大，审计监督体系也将面临更大的挑战。这也就要求审计工作及审计从业者不断创新，完善审计体系建设;研究人员也应深入思考在我国审计工作面临如此严峻形势的情况下，未来客户与审计师之间的合作与沟通如何开展，这样才能更好地推动审计效率和质量的提升，进而完善审计工作体系。